쉽게 배우고 가르치는 진로와 직업

쉽게 배우고 가르치는
진로와 직업

발달장애인을 위한
이해하기 쉬운 교육교재

박대수 지음

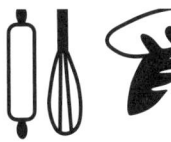

꿈앤컴퍼니

프롤로그

질문하면 답이 보입니다.

지금 생각해보면 중·고등학교 시절 나의 진로에 대한 고민을 누군가에게 이야기하지 못했던 것 같다. 혼자 생각하고 나만의 방법으로 진로에 대한 답을 찾으면서 대학까지 졸업을 했다.
조금 용기를 내어 나의 진로선택에 대한 고민을 주변 사람들에게 이야기했다면 조금 더 나의 직업을 선택하고 준비하는데 도움이 되지 않았을까 아쉬움이 남는다.

대학에서 사회복지를 전공하고 다양한 경험을 할 수 있는 복지 분야는 어디가 좋을지 고민하던 대학시절에 용기를 내어 자원봉사활동을 하던 복지관 사회복지사 선생님에게 조언을 구해 직업재활이라는 복지 분야를 알게 되었다.
장애인이 생애주기별 교육을 받고 성인이 되어 직업을 가지기 위해서 직업훈련을 받는 이 과정은 내가 대학에서 배웠던 사회복지의 이론을 실제적으로 적용할 수 있는 분야, 그리고 다양한 복지영역을 경험할 수 있을 거라는 생각으로 장애인복지관 직업재활영역으로 취업을 하게 되었다.

11년 동안 장애인복지 직업재활 현장에서 중·고등학생 대상의 진로교육과 성인 장애인을 대상으로 직업훈련, 취업지원 사업을 진행하면서 몇 가지 질문을 나에게 하게 되었다.

첫째, 나는 직업생활에 만족하고 있을까?
둘째, 취업 장애인들은 취업이후 행복한 직업생활을 하고 있을까?
셋째는, 직업재활 현장의 실무자, 특수교육 교사, 발달장애인이 진로직업선택과 직업훈련 과정에서 필요로 하는 것은 무엇일까?

이 세가지 질문의 답을 찾기 위해 긴 시간동안 많은 생각을 했다.

사회적기업가로서
이러한 질문의 답을 찾기 위해

행복한 직업생활의 조건을 충족할 수 있는 직업적 환경을 만들고
현장의 실무자들이 고민하는 장애인의 일자리 개발과 교육 콘텐츠를 개발하고 발달장애인이 쉽게 배울 수 있는 필요한 교육 콘텐츠를 만들어보고자 험난한 사회적기업가의 길을 선택한 것 같다.

모두가 행복한 꿈의 직장은 실현이 가능할까?
이러한 목표를 달성하기 위해 노력하는 많은 현장의 분들과 긍정적인 영향력을 줄 수 있는 길을 지속적으로 함께 가고자 한다.

꼭! 배워야 할 쉽게 배우고 가르치는 진로직업교육 교재는
현장의 경험을 통해 행복한 직업생활을 준비하는 발달장애인에게 꼭 필요한 내용과 학습자와 교육자 모두가 쉽게 이해하고 활용할 수 있도록 구성하였다.

이 교재를 통해 장애인을 대상으로 진로직업교육을 하는 많은 교육 현장에서 잘 활용되길 바란다.

㈜꿈앤컴퍼니 대표 박대수

목 차

Chapter 1 — 나를 소개합니다

1. 나는 어떤 사람일까? 12
2. 내가 좋아하는 것은 무엇일까? 14
3. 내 인생 최고의 순간 17

Chapter 2 — 나는 얼마나 준비가 되었을까요?

1. 나의 기질은? 22
2. 내가 원하는 것 30
3. 내가 관심 있는 직업 찾기 35
4. 나의 직업기능수준 39

Chapter 3 — 진로와 직업이란

1. 진로와 직업이란? 48
2. 직업을 통해 얻는 것 51
3. 직업의 종류 54
4. 직업 정보 수집 59

Chapter 4 — 올바른 진로와 직업 선택

1. 자기의사결정이란? 66
2. 진로의사결정에 영향을 주는 것 68
3. 진로의사결정 방법 71

Chapter 5 취업을 위한 실전준비

1. 직업별로 원하는 직원의 모습	80
2. 채용절차는 어떻게 될까요?	83
3. 이력서 작성하기	86
4. 자기소개서 작성하기	89
5. 나만의 면접 준비	93

Chapter 6 행복한 직장생활 준비

1. 출근 전 준비	102
2. 균형있는 시간관리	106
3. 올바른 직장예절	110
4. 직무능력관리	118
5. 급여를 어떻게 쓸까요?	121
6. 안전한 직장생활	125

Chapter 7 내 인생은 내가 계획하자

1. 진로직업계획 작성	134
2. 나의 멘토 찾기	136

Chapter **1**

나를 소개합니다

> "진로와 직업 선택을 위한 가장 중요한 시작은
> 올바른 자기 자신의 이해에서 시작됩니다"

자기이해영역

01 나는 어떤 사람일까?

나를 어떻게 소개해야 할까요?
나를 표현할 수 있는 것은 무엇이 있는지 학습하고 다른 사람에게 나를 소개해봅시다.

- **주요활동**   1. 나를 소개합니다.

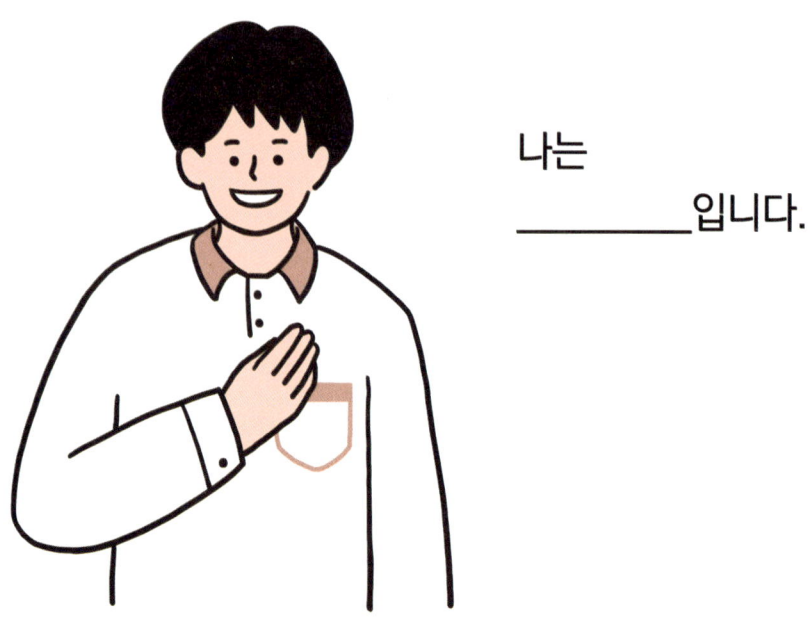

나는
_____입니다.

활동하기	**나를 소개합니다.**
학습목표	자신의 진로를 설계하기 위해서 자신에 대한 올바른 이해가 중요합니다. 활동을 통해 나는 어떤 사람인지 알고 표현할 수 있도록 학습합니다.

질문에 대한 답변을 빈칸에 작성해봅시다.

당신의 이름은? _____

당신의 나이는? _____

당신의 소속은(학교와 학년)? _____

당신이 사는 곳은? _____

당신의 혈액형은? _____

당신의 취미, 특기는? _____

당신의 별명은? _____

교사 활용 tip

인원이 많을 경우, 4~5명으로 조를 편성하여 질문지의 답을 작성할 수 있도록 질문에 대해서 설명하도록 합니다.
답변을 작성할 수 있도록 충분한 시간을 제공하고 돌아가면서 질문지의 답을 발표할 수 있도록 합니다.
참여도를 높이기 위해 PPT, 영상 자료 등 시청각 매체를 활용하도록 합니다.

02 내가 좋아하는 것은 무엇일까?

진로와 직업 선택에 있어 자신이 좋아하는 것은 매우 중요한 영향을 줄 수 있습니다. 내가 좋아하는 것은 무엇인지 알아봅시다.

- **주요활동**
  1. 좋아하는 것은?
  2. 이루고 싶은 것은?

활동하기	**좋아하는 것은?**
학습목표	여러 질문을 통해 자신이 좋아하는 것은 무엇인지 학습하고 진로·직업설계 과정에 활용하도록 합시다.

질문에 대한 답변을 빈칸에 작성해봅시다.

좋아하는 음식은?

좋아하는 색깔은?

좋아하는 노래는?

아끼는 물건은?

좋아하는 사람은?
(가족, 친구 등)

교사 활용 tip

질문에 대해서 충분히 설명 후 작성할 수 있도록 합니다. 전체 질문 중 관심을 보이는 몇 개의 질문을 발표할 수 있도록 합니다.

활동하기   **이루고 싶은 것은?**

학습목표   여러 질문을 통해 자신이 이루고 싶은 것은 무엇인지 학습하고 진로·직업 설계 과정에 활용하도록 합시다.

질문에 대한 답변을 빈칸에 작성해봅시다.

이루고 싶은 것은 무엇인가요? (가지고 싶은 것, 건강 등)

1.
2.
3.

희망하는(좋아하는) 직업은 무엇인가요?

1.
2.

교사 활용 tip

자신이 이루고자 하는 것과 희망하는 직업에 대해서 발표하도록 하여 학습자의 직업에 대한 이해정도를 확인할 수 있도록 합니다.

03 내 인생 최고의 순간

내가 경험한 일들 중 가장 기억에 남는 순간을 생각하며, 자신을 다른 사람들에게 표현해 봅시다.

- **주요활동**
    1. 가장 기억에 남는 행복한 순간
    2. 가장 기억에 남는 힘들었던 순간

활동하기	**가장 기억에 남는 행복한 순간**
학습목표	여러 질문을 통해서 자신에게 가장 기억에 남는 행복한 순간을 학습하고 진로·직업 설계 과정에 활용하도록 합시다.

질문에 대한 답변을 빈칸에 작성해봅시다.

가장 행복했던 순간은 언제였나요?

행복했던 순간 누구와 함께 있었나요?

행복했던 순간 어디서 무엇을 하였나요?

행복하다고 생각한 이유는 무엇인가요?

교사 활용 tip

참여도를 높이기 위해서 교사의 사례를 예를 들어 설명하여 작성하는데 도움이 될 수 있도록 합니다.
구체적인 내용 작성이 어려운 학습자는 중요한 단어를 작성해 발표할 수 있도록 합니다.

활동하기	## 가장 기억에 남는 힘들었던 순간
학습목표	여러 질문을 통해서 자신에게 가장 기억에 남는 힘들었던 순간을 학습하고 진로·직업설계 과정에 활용하도록 합시다.

질문에 대한 답변을 빈칸에 작성해봅시다.

가장 힘들었던 순간은 언제였나요?

힘들었던 순간 누구와 함께 있었나요?

힘들었던 순간 어디서 무엇을 하였나요?

힘들었다고 생각한 이유는 무엇인가요?

교사 활용 tip

참여도를 높이기 위해서 교사의 사례를 예를 들어 설명하여 작성하는데 도움이 될 수 있도록 합니다.
구체적인 내용 작성이 어려운 학습자는 중요한 단어를 작성해 발표할 수 있도록 합니다.

Chapter 2

나는 얼마나 준비가 되었을까요?

" 다양한 검사를 통해 진로와 직업을 결정하기 위한 준비가 얼마나 되었는지 알아봅시다 "

자기분석영역

01 나의 기질은?

직업을 선택하는데 있어 자신의 기질(성격)에 맞는 직무를 선택하는 것은 매우 중요합니다. 간단한 기질검사를 통해 나의 기질에 대해서 알아봅시다.

- **주요활동**
  1. 기질이란
  2. 기질검사
  3. 기질에 맞는 직업 알아보기
  4. 자신의 기질에 맞는 직업 알아보기

기질 검사는 발달장애인의 강점 중심의 일자리를 탐색하기 위한 중요한 자료로 활용이 될 수 있습니다.

이해하기 | 기질이란

학습목표 기질이란 무엇이며, 왜 필요한지 이해하고 기질 검사를 준비해봅시다.

기질이란, 사람들이 가지고 있는 서로 다른 성격을 의미합니다.
기질은 행동 습관과 연관성이 있습니다.

복습해보기

기질이란 _____ 을 의미합니다.

기질이란 _____ 과 연관성이 있습니다.

교사 활용 tip

기질이라는 단어를 잘 이해하지 못할 경우에는 그림을 활용하여 다양한 성격을 예로 들어 이해를 돕도록 합니다.

활동하기	**기질검사**
학습목표	몇 가지 질문을 통해서 기질검사를 해봅시다. 기질 검사의 결과는 자신의 진로·직업 설계 과정에서 중요하게 활용될 수 있는 자료가 될 수 있습니다.

그림과 설명을 보고 해당하는 부분에 O, X를 해봅시다.

나는 _____ 형입니다.

교사 활용 tip

외향성과 내향성에 대해 충분히 설명 후 질문지에 O, X를 선택하도록 합니다. 결과를 통해 외향성과 내향성 중 하나를 선택하고, 평소 학습자의 관찰 내용을 바탕으로 정확한 기질 선택이 가능하도록 지도합니다.

추가 질문이 필요할 경우 한국MBTI연구소 사이트를 참고하여 질문을 재구성하도록 합니다.

그림과 설명을 보고 해당하는 부분에 O, X를 해봅시다.

나는 _____ 형입니다.

교사 활용 tip

감각형과 직관형에 대해 충분히 설명 후 질문지에 O, X를 선택하도록 합니다. 결과를 통해 감각형과 직관형 중 하나를 선택하고, 평소 학습자의 관찰 내용을 바탕으로 정확한 기질 선택이 가능하도록 지도합니다.

추가 질문이 필요할 경우 한국MBTI연구소 사이트를 참고하여 질문을 재구성하도록 합니다.

그림과 설명을 보고 해당하는 부분에 O, X를 해봅시다.

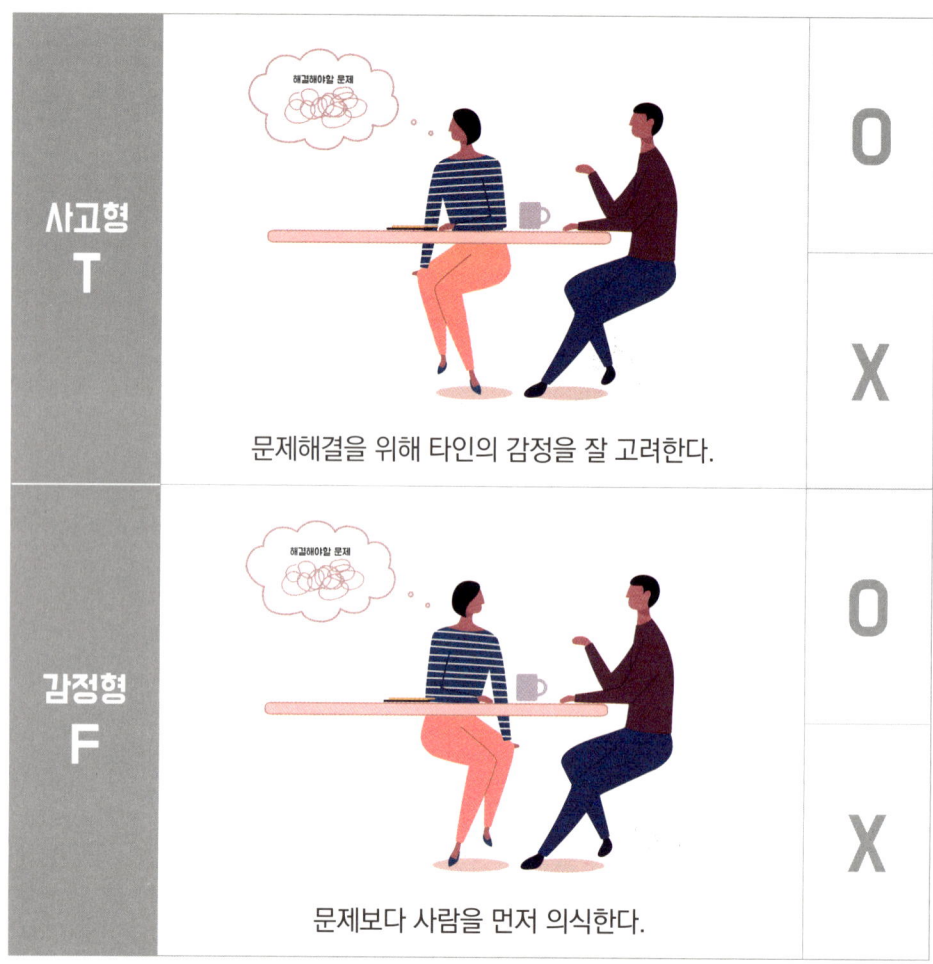

나는 _____ 형입니다.

교사 활용 tip

사고형과 감정형에 대해 충분히 설명 후 질문지에 O, X를 선택하도록 합니다. 결과를 통해 사고형과 감정형 중 하나를 선택하고, 평소 학습자의 관찰 내용을 바탕으로 정확한 기질 선택이 가능하도록 지도합니다.

추가 질문이 필요할 경우 한국MBTI연구소 사이트를 참고하여 질문을 재구성하도록 합니다.

그림과 설명을 보고 해당하는 부분에 O, X를 해봅시다.

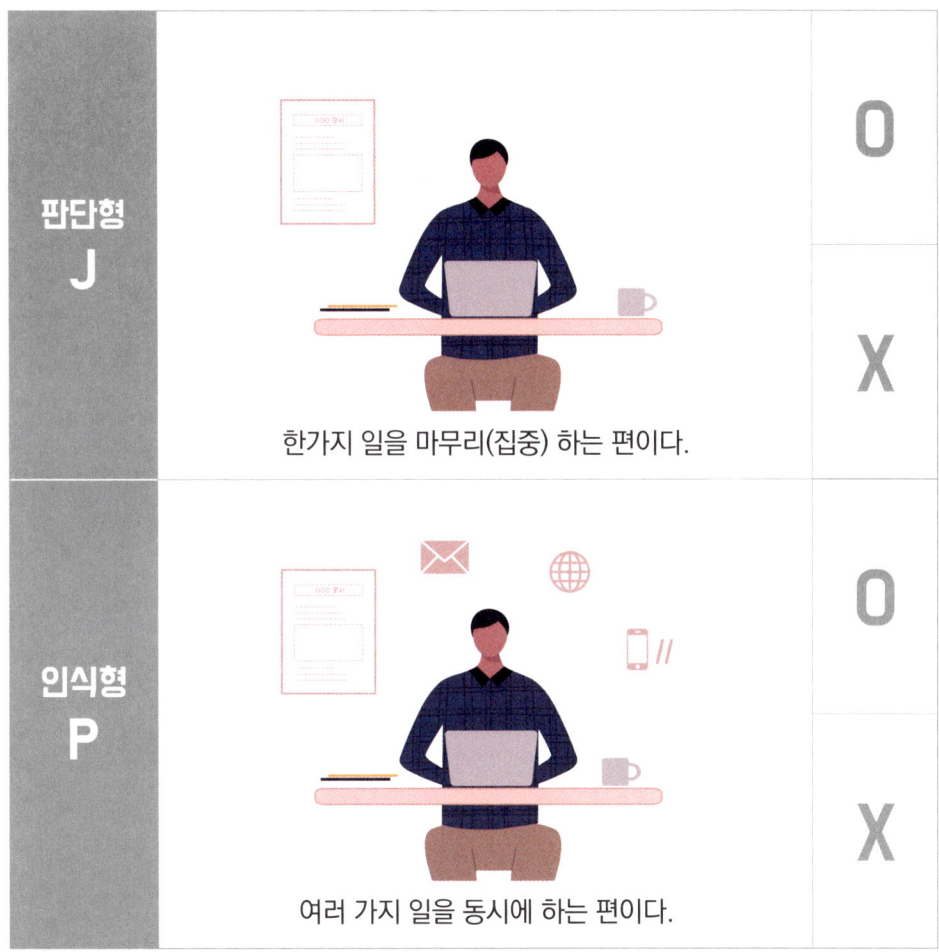

나는 _____ 형입니다.

교사 활용 tip

판단형과 인식형 대해 충분히 설명 후 질문지에 O, X를 선택하도록 합니다. 결과를 통해 판단형과 인식형 중 하나를 선택하고, 평소 학습자의 관찰 내용을 바탕으로 정확한 기질 선택이 가능하도록 지도합니다.

추가 질문이 필요할 경우 한국MBTI연구소 사이트를 참고하여 질문을 재구성하도록 합니다.

| 이해하기 | **기질에 맞는 직업 알아보기** |

학습목표   기질에 대한 이해와 자신의 기질특성을 알았다면, 기질에 맞는 직업들을 학습하고 자신에게 적합한 직업의 종류를 알아봅시다.

외향성 추천직업	사업, 판매, 배달 등 활동이 많은 직업
내향성 추천직업	생산직, 도서관업무 등 지속적으로 집중해야 하는 직업
감각형 추천직업	생산 및 관리업무, 기술직 등 현재의 문제 해결을 위한 숙련된 기술이 필요한 직업
직관형 추천직업	상담사, 연구개발, 예술 등 미래에 더 초점을 둔 직업
사고형 추천직업	경찰, 기술개발 등 문제 해결을 우선시 하는 직업
감정형 추천직업	연예인, 비서, 상담사 등 사람과의 관계를 중요시 하는 직업
판단형 추천직업	생산직 등 반복적이며 계획과 마무리 일정이 명확한 직업
인식형 추천직업	활동가 등 문제해결을 위한 변화, 창의성을 중요시하는 직업

교사 활용 tip

각 유형별 기질의 특징을 중심으로 설명하고 직업의 특성과 연관하여 설명하도록 합니다.

활동하기	## 자신의 기질에 맞는 직업 알아보기
학습목표	기질의 특성에 맞는 직업의 종류를 활용하여 자신의 기질 검사 결과와 추전 직업들을 작성해보고 진로·직업 설계 과정에 활용하도록 합시다.

기질검사 결과를 바탕으로 추천직업을 작성해봅시다.

나의 기질 검사 결과 나온 기질에 O 표시를 해봅시다.	추천 직업 추천 직업을 작성해봅시다.
외향성 E ｜ 내향성 I	
감각형 S ｜ 직관형 N	
사고형 T ｜ 감정형 F	
판단형 J ｜ 인식형 P	

교사 활용 tip

각 유형별로 선택된 기질에 동그라미를 그리도록 하며, 앞서 교육한 기질에 맞는 직업의 종류를 참고하여 제시된 추천 직업을 작성하도록 합니다. 이해가 어려운 학습자가 있을 경우 교사가 적합한 직업을 추천하도록 합니다.

02 내가 원하는 것

사람은 누구나 원하는 것이 있습니다. 내가 원하는 것의 우선순위를 정해보고 진로와 직업선택 과정에서 생길 수 있는 고민을 해결해가는 방법을 알아봅시다.

- **주요활동**　　1. 기본적인 욕구
　　　　　　　　2. 글래서 욕구검사
　　　　　　　　3. 욕구에 따른 고민 해결 방법

이해하기	**기본적인 욕구**
학습목표	사람으로서 가지는 가장 기본적인 욕구의 종류에는 어떤 것이 있는지 학습해봅시다.

- **생존의 욕구**

    자신의 건강유지, 위험한 것을 피하는 것
    운동, 식단관리, 저축 등

- **사랑과 소속의 욕구**

    가족을 사랑하고 친구를 좋아하는 것
    가족, 결혼, 친구사귀기 등

- **힘과 성취의 욕구**

    경쟁에서 이기기, 승진하고 싶어 하는 것
    승부욕, 승진 등

- **자유의 욕구**

    종교 활동, 동아리 활동 등 새로운 것을 좋아하는 것
    종교, 동아리, 자신만의 헤어스타일 등

- **즐거움의 욕구**

    새로운 것을 배우고 놀이를 즐기고 싶어 하는 것
    등산, 운동, 컴퓨터 게임 등

교사 활용 tip

글래서의 욕구이론을 참고하여 각 욕구별로 예를 들어 설명할 수 있도록 합니다.
추가적인 욕구검사가 필요할 경우 매슬로의 욕구이론, 한국장애인고용공단 온라인직업심리검사를 활용해보도록 합니다.

활동하기   # 글래서 욕구검사

학습목표   간단한 글래서의 욕구검사를 통해서 자신의 기본욕구 우선순위를 확인해봅시다.

각 욕구별 질문에 O, X를 해봅시다.

생존욕구	
1. 건강관리에 관심이 많다.	
2. 위험한 시간, 장소를 피한다.	
3. 바른 식습관을 가지기 위해 노력한다.	

사랑과 소속의 욕구	
1. 사람들과 대화하기를 좋아한다.	
2. 다른 사람들에게 친절하게 대한다.	
3. 가족, 친구들과 시간을 많이 가진다.	

힘과 성취의 욕구	
1. 다른 사람과의 경쟁에서 이기고 싶다.	
2. 난 모임에서 리더가 되고 싶다.	
3. 다른 사람들보다 잘 살고 싶다.	

자유의 욕구	
1. 난 내가 하고 싶은 건 무조건 하는 편이다.	
2. 다른 사람이 지시하는 것을 싫어한다.	
3. 나는 내 헤어스타일을 추구한다.	

즐거움의 욕구	
1. 웃는 것을 좋아한다.	
2. 재미있는 놀이(게임, 운동) 등을 자주 하는 편이다.	
3. 새로운 것을 배우기 좋아한다.	

- **결과보기**

구분	생존	사랑, 소속	힘, 성취	자유	즐거움
점수					
순위					

각 욕구별로 체크한 'O'의 개수를 점수화하며 'O'의 개수에 따라 순위를 정하도록 합니다.

교사 활용 tip

글래서의 욕구이론을 참고하여 질문지를 구성하였으며, 학습자가 이해하기 쉬운 내용으로 선정하였습니다.
추가적인 질문이 필요할 경우에는 글래서의 욕구검사지를 활용하여 질문지를 재구성하도록 합니다.

활동하기 | **욕구에 따른 고민 해결 방법**

학습목표 내가 중요시 하는 욕구의 우선순위에 따라 여러 상황 속에서 어떤 선택을 해야 하는지 예시를 통해서 학습해봅시다.

자신의 욕구 우선순위에 따라 ☑ 표시합니다.

- **고민1**

    내가 하고 싶은 등산을 위해 가족들과 점심약속을 어떻게 해야 할까요?

    ☐ 등산을 간다 | ☐ 점심약속을 간다
    즐거움의 욕구 | 사랑, 소속의 욕구

- **고민2**

    나의 헤어스타일을 추구하기 위해서 학교에서의 규칙을 어겨야 할까요?

    ☐ 헤어스타일 추구 | ☐ 학교규칙 지키기
    자유의 욕구 | 힘, 성취의 욕구

- **고민3**

    친구들과 함께 놀다보니 저녁 9시가 넘었네요.

    ☐ 친구들과 계속 놀기 | ☐ 집으로 귀가하기
    사랑, 소속의 욕구 | 생존의 욕구

교사 활용 tip

욕구별 우선순위 결과를 참고하여 고민 예시의 내용을 우선순위에 따라 선택할 수 있도록 합니다. 자신의 욕구 우선순위를 이해할 수 있도록 지도하는데 중점을 두도록 합니다.

03 내가 관심 있는 직업 찾기

내가 좋아하는 것과 관심 있는 것을 통해서 어떤 직업에 흥미를 가지고 있는지 그림흥미검사를 통해서 알아봅시다.

• **주요활동**　　1. 그림직업흥미검사
　　　　　　　　2. 검사결과 확인하기

활동하기	**그림직업흥미검사**

학습목표	온라인 그림직업흥미검사를 아래의 순서에 따라 진행해보고 결과를 참고하여 자신의 진로·직업 설계 과정에 활용하도록 합시다.

그림직업흥미검사란?

언어적 검사에 어려움이 있는 발달장애인의 직업흥미를 파악하기 위한 검사입니다.

온라인 그림직업흥미검사를 순서에 따라 진행하도록 합니다.

온라인 그림직업흥미검사를 위해서는 개별 컴퓨터 사용이 가능하도록 사전에 준비합니다.

1. 한국장애인고용공단 사이트에 접속하도록 합니다. www.kead.or.kr

2. 메인 화면 오른쪽 배너에 온라인직업심리검사를 클릭합니다.

3. 검사안내에 따라 정보입력 (본인인증:핸드폰) → 연습 → 검사를 실시합니다.
   시간제한은 없으나, 개인에 따라 20분~40분정도 소요됨

4. 검사 종료 후 결과를 확인합니다.
   검사결과는 출력, E메일로 결과를 제공받도록 합니다.

교사 활용 tip

개별 컴퓨터를 활용하여 혼자 진행하는데 어려움이 있다면, 보조교사를 활용하여 충분한 시간을 가지고 개별적으로 진행할 수 있도록 합니다.

| 활동하기 | **검사결과 확인하기** |

| 학습목표 | 그림직업흥미검사 실시 후 검사 결과를 활동지에 작성해보면서 자신의 검사 결과를 정확하게 확인하고 진로·직업 설계 과정에 활용해보도록 합시다. |

1. 그림이해도 확인하기
그림에 대한 이해도를 확인할 수 있습니다.

그림 이해도는 _____ % 입니다.

2. 검사 일관성 확인하기
검사의 정확한 신뢰도를 확인할 수 있습니다.

검사 일관성은 _____ % 입니다.

3. 추천 직업영역 확인하기
검사에 따른 추천 직업 순위를 확인할 수 있습니다.

추천 직업 1순위 _____

추천 직업 2순위 _____

추천 직업 3순위 _____

4. 선호하는 활동영역 확인하기
선호하는 활동영역의 순위를 확인할 수 있습니다.

선호하는 활동영역 1순위 _____

선호하는 활동영역 2순위 _____

선호하는 활동영역 3순위 _____

5. 선호하는 개인·집단 활동영역 확인하기

　　　　직무활동을 위해서 ＿＿＿＿＿＿＿＿ 을 더 선호합니다.

6. 선호하는 실내·실외 활동영역 확인하기

　　　　직무활동을 위해서 ＿＿＿＿＿＿＿＿ 을 더 선호합니다.

7. 검사결과 종합하기

　　　　＿＿＿＿＿＿＿＿ 은/는

　　　　＿＿＿＿＿＿＿＿ 직업군의 ＿＿＿＿＿＿ 활동을 가장 좋아하며,

　　　　＿＿＿＿＿＿＿＿ 활동과 ＿＿＿＿＿＿ 활동을 선호합니다.

　　예) 홍길동은
　　　　제조 직업군의 정리 활동을 가장 좋아하며,
　　　　개인 활동과 실내 활동을 선호합니다.

교사 활용 tip

검사 결과는 가능한 인쇄물로 출력하여 확인하도록 합니다. 출력된 검사 결과를 활용하여 활동지에 작성하도록 하여 자신의 검사결과를 이해하는데 도움이 될 수 있도록 합니다.

04 나의 직업기능수준

작업활동 및 직업생활을 위해 요구되는 기본적인 직업 기능 수준을 간단한 검사를 통해 알아보도록 합시다.

- **주요활동**
    1. 직업기능 요구사항
    2. 직업기능수준검사

이해하기	## 직업기능 요구사항
학습목표	작업활동 및 직업생활을 위해 요구되는 기본적인 직업기능에는 어떤 것이 있는지 학습해봅시다.

▪ 몸으로 하는 활동 능력

1. **이동하기**
   걷거나 보장구를 이용해 원하는 곳으로 이동할 수 있는 능력
2. **물건 들기**
   상품이나 물건을 들고 이동할 수 있는 능력
3. **손사용**
   한손, 양손을 이용하여 물건을 조립할 수 있는 능력
4. **듣기**
   주변의 소리를 듣거나 대화를 할 수 있는 능력
5. **보기**
   상품이나 물건 등을 보고 구분할 수 있는 능력

▪ 이해하는 능력

1. **한글읽기**
   한글을 읽고 이해할 수 있는 능력
2. **한글쓰기**
   한글을 듣거나 보고 적을 수 있는 능력
3. **숫자 이해**
   숫자를 읽고, 쓰고, 계산할 수 있는 능력
4. **시간 이해**
   아날로그, 디지털 시계를 이해할 수 있는 능력

▪ 생산품을 만들기 위한 능력

1. **집중력**
   불필요한 행동을 하지 않고 상품을 만드는데 집중하는 능력
2. **작업속도**
   상품을 만드는 속도
3. **작업순서 이해**
   상품을 만드는 순서를 이해하는 능력

- 구분하는 능력

1. 크기 구분
   크기가 다른 물건을 구분할 수 있는 능력

2. 모양 구분
   모양이 다른 물건(모형)을 구분할 수 있는 능력

3. 색깔 구분
   색깔을 알고 구분할 수 있는 능력

- 일하는 태도

1. 작업자세
   바른자세로 작업활동을 할 수 있는 능력

2. 규칙준수
   정해진 규칙을 알고 지킬 수 있는 능력

3. 동료와 함께 작업
   동료를 도와 함께 작업활동을 할 수 있는 능력

교사 활용 tip

직업기능수준검사 전 각 요구사항에 대한 설명은 제시된 그림을 통해 충분하게 설명할 수 있도록 하여 이해도를 높일 수 있도록 합니다.

활동하기   **직업기능수준검사**

학습목표   앞에서 학습한 내용을 바탕으로 영역별 질문지를 활용하여 직업기능수준검사를 해봅시다.

▪ 몸으로 하는 활동 영역 검사
주변에서 쉽게 구할 수 있는 물건을 활용해서 검사를 해보도록 합니다.

걷 기 활 동	계단을 오르내릴 수 있습니다.	O	X
물 건 들 기	5kg 정도의 의자를 들 수 있습니다.	O	X
손 사 용	양손을 사용해서 볼펜을 조립할 수 있습니다.	O	X
듣기(청력)	교사, 동료의 목소리를 들을 수 있습니다.	O	X
보기(시력)	사물을 보는데 어려움이 없습니다.	O	X

▪ 생산품을 만들기 위한 능력 검사
주변에서 쉽게 구할 수 있는 볼펜 등을 활용하여 검사를 실시합니다.

집 중 력	볼펜 5개를 조립하는데 불필요한 행동을 하지 않습니다. (주변살피기, 이야기하기, 자리이동하기 등)	O	X
작 업 속 도	볼펜 5개를 조립하는데 1분을 넘기지 않습니다.	O	X
작업순서이해	볼펜을 분해하고 조립하는 것이 가능합니다.	O	X

- **이해하는 능력**

한글 읽기 '쉽게 배우고 가르치는 진로와 직업교육' O X

한글 쓰기 ______________________ O X

수 개 념

1부터 100까지 숫자를 쓰거나 셀 수 있습니다.
1부터 100까지 숫자 중 3개의 숫자를 불러주고 작성합니다.

________ ________ ________ O X

수 계 산

덧셈 (+)

3 + 5 = ________ 8 + 9 = ________ O X

뺄셈 (-)

7 - 4 = ________ 15 - 9 = ________ O X

곱셈 (×)

2 × 3 = ________ 7 × 6 = ________ O X

나눗셈 (÷)

4 ÷ 2 = ________ 15 ÷ 3 = ________ O X

시 계 보 기

시계1

시계2

시계1
O X

시계2
O X

- **구분하는 능력**

    크기 구분하기   아래의 그림에서 크기가 큰 물건에 O 표시하기

     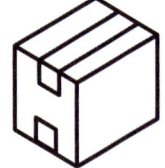 

    모양 구분하기   아래 그림에서 세모 모양에 O 표시하기

    색깔 구분하기   아래 그림에서 노란색에 O 표시하기

- **일하는 태도**

  주변에서 쉽게 구할 수 있는 볼펜 등을 활용하여 검사를 실시합니다.

작 업 자 세	바른 자세로 작업을 할 수 있습니다.	O X
규 칙 준 수 하 기	떠들지 않고 작업에 집중할 수 있습니다. 바르게 앉아서 작업을 할 수 있습니다.	O X
동료와 함께 작 업 하 기	동료를 도와 작업한 물건을 정리할 수 있습니다.	O X

교사 활용 tip

직업기능수준검사의 각 영역에서 제시하는 내용을 사전에 설명하고 지도교사도 함께 숙지하도록 합니다.
각 영역별 검사의 내용은 직업재활서비스를 받기 위한 직업진단 및 평가에서 중요하게 평가하는 내용이므로 평가 내용을 바탕으로 강,약점을 파악하여 추가적인 교육이 될 수 있도록 지도합니다.

Chapter 3
진로와 직업이란

"진로와 직업에 대한 이해와 직업정보를 어떻게
얻을 수 있는지 알아봅시다"

진로와 직업 이해 영역

01 진로와 직업이란

진로와 직업의 의미, 그리고 직업이 되기 위해 갖추어야 할 조건들에 대해서 알아봅시다.

- **주요활동**　1. 진로란
　　　　　　　2. 직업이란

이해하기	**진로란**
학습목표	진로에 대한 정확한 이해와 중학교, 고등학교 전환기 시기에 우리가 선택할 수 있는 진로의 방향에 대해서 학습해봅시다.

진로란 앞으로 나아갈 방향을 정하는 것입니다.

1. 중학생은 어떤 유형의 고등학교를 갈지 정해야 합니다.

1. 일반고등학교 진학

2. **특화**(특성화, 특목고, 자율고) **고등학교 진학**

2. 고등학생은 졸업 후 어떻게 할지 정해야 합니다.

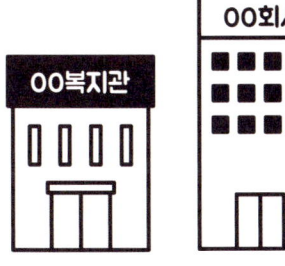

1. 대학입학
   원하는 공부를 더 배우기 위해 대학을 선택

2. 복지관 이용
   복지관에서 제공되는 평생교육, 직업교육을 선택

3. 직업재활서비스
   직업훈련, 보호작업장 서비스를 선택

4. 인턴, 취업
   조기 취업을 위해 인턴, 취업을 선택

3. 직업준비가 되어있는 성인의 경우 어떤 직업을 선택할지 정해야 합니다.

1. 기간제 장애인 일자리
   기간이 정해져 있는 공공 일자리 선택

2. 지원고용제도 이용
   장애인 지원고용프로그램을 통한 취업 선택

3. 일반취업
   정해진 채용절차에 의한 일반적인 취업 선택

4. 창업
   국가지원 등을 통해 창업을 선택

이해하기 **직업이란**

학습목표 직업이란 무엇인지, 직업이 되기 위한 조건은 무엇인지 학습해봅시다.

직업이란 개인이 생활을 영위하고 수입을 얻을 목적으로 한 가지 일에 종사하는 지속적인 사회 활동이라고 합니다.

직업이 되기 위한 3가지 조건에 대해서 알아봅시다.

1. 법을 지켜야합니다.

2. 일한만큼의 급여를 받아야 합니다.

3. 지속적으로 출근을 할 수 있어야 합니다.

교사 활용 tip

진로와 직업에 대한 의미와 조건을 그림을 활용하여 설명하도록 합니다.

각 조건 마다 구체적인 예를 들어 설명하면 이해하는데 도움이 될 수 있습니다.

02 직업을 통해 얻는 것

내가 직업을 통해 얻고자 하는 것은 무엇일까요? 직업을 선택하는 이유에 대해서 알아보고 나는 어떤 것을 중요하게 생각하는지 알아봅시다.

- **주요활동**　　1. 직업을 통해 얻을 수 있는 것
　　　　　　　　2. 내가 얻고 싶은 것과 직업

이해하기	**직업을 통해 얻을 수 있는 것**
학습목표	직업생활을 통해서 얻을 수 있는 것은 무엇이 있는지 학습해봅시다.

직업생활을 통해 얻을 수 있는 것

1. 만족스러운 돈을 벌 수 있습니다.

2. 사람을 도울 수 있습니다.

3. 안정적인 생활을 할 수 있습니다.

4. 실력을 발휘 할 수 있습니다.

교사 활용 tip

해당 활동은 직업가치관을 교육하기 위한 과정입니다. 대표적인 4개의 가치관을 제시하였으나 창의적, 인정, 자유로움 등의 가치관이 더 있으며 추가적인 설명을 통해 다양한 직업가치관을 교육하도록 합니다.

활동하기	**내가 얻고 싶은 것과 직업**
학습목표	앞서 학습한 직업을 통해 얻을 수 있는 것의 우선순위를 정해보고 관련된 직업에 대해서 학습해봅시다.

직업가치관 우선순위 정하기

직업을 통해 내가 얻고 싶은 것의 우선순위를 빈칸에 적어봅시다.

만족스러운 급여	기술자, 운동선수, 은행 관련 직업, 관리직, 사업가 등	순위
사 회 봉 사	사회복지사, 성직자, 소방관, 경찰관, 상담사 등	순위
안 정 적	교사, 의사, 기관사, 공무원 등	순위
실 력 발 휘	기술자(바리스타, 정비사 등), 연예인, 작가, 디자이너, 감독 등	순위

교사 활용 tip

직업가치관에 따른 직업의 종류에 대해서 생각할 수 있도록 제시된 직업 외에도 추가적인 직업에 대해서 제시할 수 있도록 합니다.

03 직업의 종류

직업의 종류는 매우 다양합니다. 기존의 직업들 중에서 없어지는 직업, 새롭게 만들어지는 직업들도 있습니다. 다양한 직업의 종류를 학습하고 자신의 진로·직업 설계 과정에서 활용하도록 합시다.

- **주요활동**　　1. 직업의 종류
　　　　　　　　2. 유망직업 알아보기

이해하기	**직업의 종류**
학습목표	우리나라의 대표적인 직업의 종류에 대해서 알아보고 내가 알고 있는 직업의 종류와 비교해봅시다.

우리나라의 대표적인 직업의 종류 5개를 알아봅시다.

1. 기술업

기계 종류를 다루거나
만드는 기술을 사용하는 직업

2. 사무업

주로 책상에서 문서를 다루는 직업

3. 서비스업

물건을 만드는 것이 아닌 서비스(봉사)를
제공하는 직업

4. 농업
토지를 이용하여 동식물을 길러 생산물을 얻는 직업

5. 판매업
물건, 상품 등을 판매하는 직업

교사 활용 tip

한국표준직업분류에 의해 10개 대분류 직업 중 5개를 제시하였으며, 추가적인 설명을 위해서는 통계청 사이트를 참고하도록 합니다. 직업의 종류가 다양하다는 것에 초점을 두어 교육하도록 합니다.

| 활동하기 | ## 유망 직업 알아보기 |
| 학습목표 | 대표적인 현재 유망 직업과 직무를 알아보고 아래의 그림과 설명에 맞게 연결해보면서 관련 직업들에 대해서 학습해봅시다. |

현재 유망 직업들을 그림과 설명에 맞게 연결해 봅시다.

커피바리스타

카페에서 음료만들기, 매장청소, 식자재 관리 등의 업무를 하는 직업입니다.

사무보조원

공공기관, 일반기업에서 문서정리, 문서복사, 자료입력, 우편발송 등의 업무를 하는 직업입니다.

외식업체 세척원

외식업체에서 주방청소, 식기세척, 물건정리 등의 업무를 하는 직업입니다.

편의점스태프

편의점에서 상품진열, 상품운반, 상품 수량 확인 등의 업무를 하는 직업입니다.

또 어떤 직업들이 있을까요?

새롭게 생기는 직업들을 그림과 설명에 맞게 연결해 봅시다.

자전거정비사
자전거 수리를 위해 바퀴분해, 튜브제거 및 교체 등의 업무를 하는 직업입니다.

구두관리원
공공기관, 일반기업에서 직원들을 대상으로 구두를 닦거나, 염색, 수선 업무를 하는 직업입니다.

온라인패커
온라인 주문 상품을 종류별로 구분, 포장 등의 업무를 하는 직업입니다.

영화복원가
간단한 컴퓨터 활용을 통해 오래된 영화를 선명하게 수정하는 업무를 하는 직업입니다.

또 어떤 직업들이 있을까요?

교사 활용 tip
현재 대표적으로 취업하고 있는 직종을 제시하였으며, 앞으로 개발이 될 수 있거나 개발이 필요한 직종을 제시하였습니다. 제시되지 않은 다양한 직업에 대해서 서로 이야기 할 수 있도록 합니다.

04 직업 정보 수집

직업에 대한 정보는 어떤 방법으로 얻을 수 있을까요?
그리고 어떤 내용을 알아야 할지 알아봅시다.

- **주요활동**　　1. 직업정보란
　　　　　　　　2. 직업정보 수집 방법

이해하기	**직업 정보란**
학습목표	직업 정보란 무엇이며, 직업 정보의 종류는 무엇이 있는지 그림과 설명을 통해 학습해봅시다.

- **직　　무** 어떤 일을 할까요?

커피 만들기, 상품 진열, 청소 등 하는 일을 **직무**라고 합니다.

- **회사상호** 일하는 회사 이름은 무엇일까요?

일하는 회사의 고유 이름을 **회사상호**라고 합니다.

- **근무조건** 일하는 시간, 월급, 채용형태는 어떻게 될까요?

> 일하는 시간은 **아침 9시부터 저녁 6시까지** 입니다.
> 한 달 월급은 **200만원** 입니다.
> 채용형태는 **정규직** 입니다.

일하는 시간, 월급, 채용형태 등을 **근무 조건**이라고 합니다.

- **자격조건** 일하기 위해 필요한 것은 무엇일까요?

일하기 위해 필요한 바리스타 자격증,
상품 구분을 위한 한글 읽기 등의 조건을 **자격조건**이라고 합니다.

- **회사의 미래** 회사가 망하지는 않을까요?

회사가 계속 성장해서 계속 일할 수 있는 것을 **회사의 미래**라고 합니다.

회사의 정보를 수집할 때에는 아래의 5가지를 꼭 확인합니다.

☑	**1. 직 무**	어떤 일을 할까요?
☑	**2. 회 사 상 호**	회사의 고유 이름
☑	**3. 근 무 조 건**	일하는 시간, 월급, 채용형태
☑	**4. 자 격 조 건**	일하는데 필요한 자격
☑	**5. 회사의 미래**	회사의 발전 가능성

교사 활용 tip

직업정보 예시의 그림 외에도 다양한 예시를 통해 학습자의 이해에 도움이 될 수 있도록 합니다.

이해하기	**직업 정보 수집 방법**
학습목표	앞서 학습한 직업의 정보를 어떤 방법으로 수집할 수 있는지 다양한 방법에 대해서 학습해 봅시다.

아는 사람 통해 수집하기

- 가족, 친구, 지인 등을 통해서 수집
- 아는 사람의 도움을 받아 취업을 할 수 있으나, 지속적인 사후관리에 어려움이 있을 수 있습니다.

공공기관을 통해 수집하기

- 장애인고용공단, 복지관, 구청, 주민센터 등을 통해서 수집
- 정확한 정보 수집이 가능하고, 전문가의 도움을 통해서 취업 이후에도 사후 관리가 가능합니다.

채용박람회를 통해 수집하기

- 장애인채용박람회 등을 통해서 수집
- 다양한 업체의 정보를 수집할 수 있으며, 혼자서 방문하는 것보다 전문가(사회복지사, 교사 등)와 함께 동행하여 도움을 받도록 합니다.

채용사이트를 통해서 수집하기

- 워크넷 등 토탈 사이트를 통해서 수집
- 실시간 정보를 수집할 수 있으나, 혼자서 확인하기 어려울 경우에는 전문가(사회복지사, 교사 등)의 도움을 받을 수 있도록 합니다.

기업 홈페이지를 통해서 수집하기

- 취업하고 싶은 직장의 홈페이지에서 수집
- 자신이 원하는 직장의 홈페이지를 수시로 확인해야 합니다. 혼자서 확인하기 어려울 경우에는 전문가(사회복지사, 교사 등)의 도움을 받도록 합니다.

교사 활용 tip

실제로 관련 사이트에 접속해보면서 교육하는 것도 학습자가 이해하는데 도움이 될 수 있습니다.

가능하다면 취업박람회 일정을 확인해서 함께 참여해보는 것도 좋습니다.

Chapter 4

올바른 진로와 직업 선택

"진로와 직업 선택의
올바른 의사결정 방법에 대해서 알아봅시다"

올바른 진로와 직업 결정 영역

01 자기의사결정이란

자신의 진로와 직업을 선택할 때 주변의 영향을 많이 받을 수 있지만 최종적인 결정은 자기 자신이 하는 것입니다. 자기의사결정 과정에 대해서 학습해봅시다.

- **주요활동** 1. 자기의사결정이란

이해하기	**자기의사결정이란**
학습목표	자기의사결정이란 무엇인지 몇 가지 사례를 통해서 학습해봅시다.

자기의사결정이란 선택의 과정에서 자기 스스로 한 가지를 선택하는 것입니다.

어릴 때에는 무언가 선택할 때 부모님(어른)의 도움을 받습니다.

- 성인이 되기 이전에는 중요한 것을 결정할 때 부모님(어른)의 도움을 받습니다.
- 어디를 갈 때, 비싼 물건을 살 때, 여행을 가거나 친구를 만날 때에도 부모님의 허락이나 도움을 받아야 합니다.

성인이 되면 최종 선택은 스스로 해야 합니다.

- 성인이 되면 대부분의 최종 결정은 스스로 합니다.
- 진로를 결정할 때, 취업을 하고 싶은 직장을 선택할 때, 여가활동이나 돈을 사용할 때에도 최종 선택은 스스로 하게 됩니다.

선택도 내가! 책임도 내가!

교사 활용 tip

자기의사결정을 교육하기 위해 어릴 때, 성인이 되었을 때로 시기적인 구분을 하였으나, 다양한 상황을 예로 들어 스스로 선택하고 책임을 질 수 있어야 한다는 교육 내용을 이해할 수 있도록 지도합니다.

02 진로의사결정에 영향을 주는 것

자신의 진로와 직업을 선택하는데 영향을 주는 여러 가지 요인에 대해서 알아봅시다.

- **주요활동**　　1. 영향을 주는 것

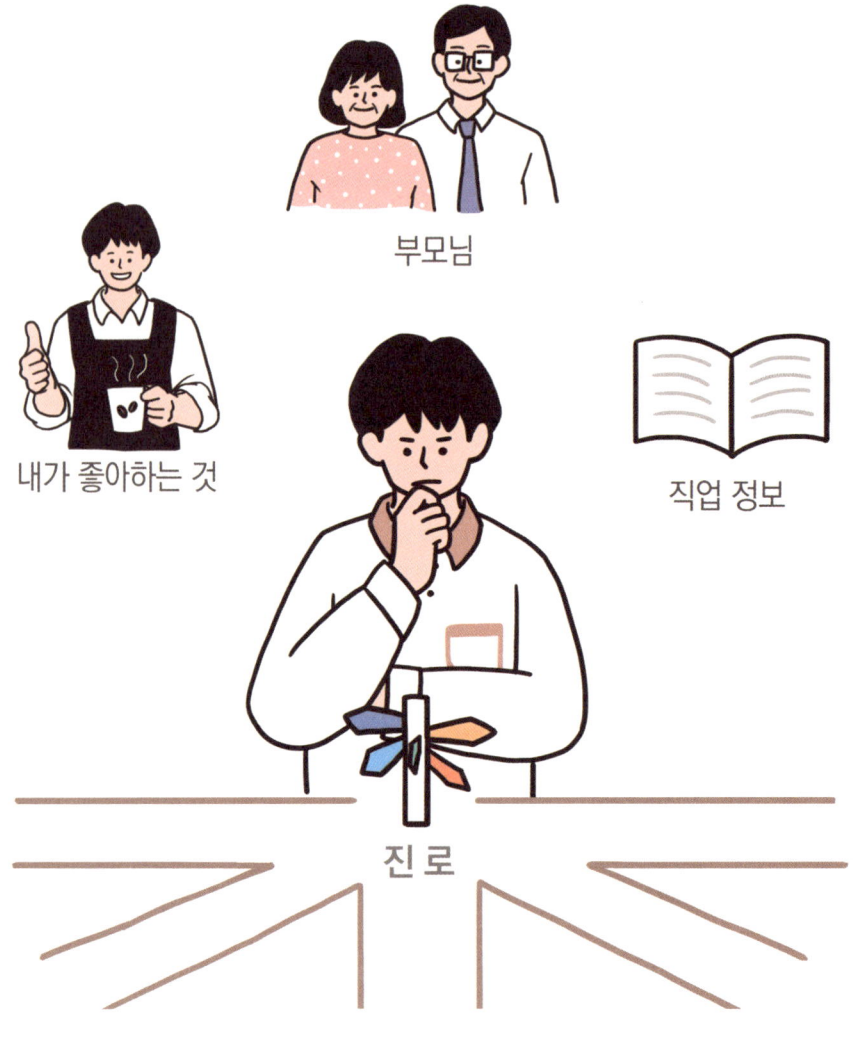

이해하기	**영향을 주는 것**
학습목표	진로의사결정을 하는데 있어서 긍정적인 영향을 주는 대표적인 요소와 부정적인 영향을 주는 대표적인 요소에 대해서 학습해봅시다.

진로의사결정을 할 때 영향을 주는 대표적인 5가지를 알아봅시다.

1. 부모님의 바람

2. 나의 성격

3. 직업 흥미

진로의사결정을 할 때 영향을 주는 대표적인 5가지를 알아봅시다.

4. 직업정보

5. 가정형편

안 좋은 영향을 줄 수 있는 것

나의 생각과 다른 부모님의 강한 권유와 바람

이전 직장에서의 안 좋은 기억이나 경험

장애로 인해 시도하지 않는 것

경험하지 않고 걱정하는 태도

교사 활용 tip

진로의사결정을 할 때 긍정적인 영향을 주는 대표적인 5가지 요인과 부정적인 영향을 줄 수 있는 요인을 제시하였습니다. 추가적으로 장애정도 등의 요소에 대해서도 예를 들어 설명을 할 수 있도록 합니다.

03 진로의사결정 방법

앞에서 학습한 내용을 바탕으로 스스로 진로의사결정을 하는 과정을 학습하고 진로의사결정을 해보도록 합시다.

- **주요활동**　1. 진로의사결정 과정
　　　　　　2. 진로의사결정 해보기

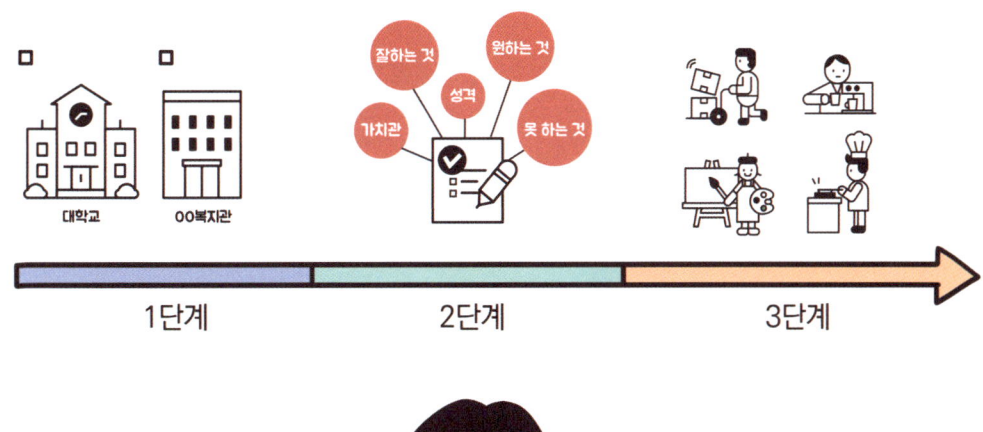

| 이해하기 | **진로의사결정 과정** |

학습목표   진로의사결정을 감정적, 즉흥적으로 한다면 올바른 의사결정이 어려울 수 있습니다.
앞서 배운 내용을 바탕으로 진로의사결정을 하는 과정을 단계별로 학습해보고
진로·직업설계 과정에 적용해보도록 합시다.

진로의사결정 5단계

1. 의사결정 대상을 정합니다.

- 고등학교 졸업 이후에 진로 선택을 할 때
  대학입학, 복지관서비스, 직업훈련, 취업 등

- 졸업 후 바로 취업을 희망할 때
  직종 선택, 업체 선택 등

어떤 고민과 결정을 할지를 정하도록 합니다.

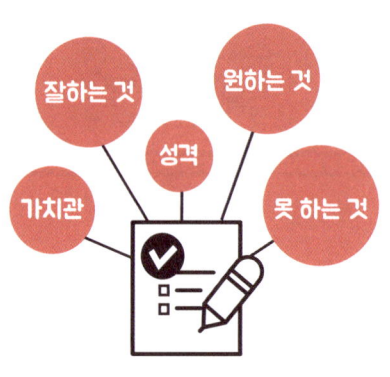

2. 정보를 수집합니다.

- 나의 성격(기질)
- 내가 원하는 것, 바라는 것
- 내가 우선적으로 생각하는 가치관
- 내가 흥미 있는 직업
- 부모님의 바람이나 가정형편
- 내가 잘하는 것, 직업준비도 등

3. 내가 선택할 수 있는 진로와 직업을 확인합니다.

- 고등학교 졸업 후
  대학진학, 복지관(평생교육, 직업훈련) 이용이
  필요하고 가능한지 확인합니다.

- 바로 취업을 희망할 때에는
  일하고 싶은 직장을 2~3개 정해봅니다.

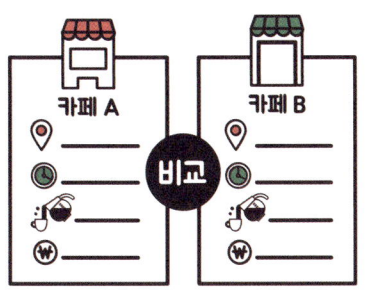

4. 다른 진로와 직업을 비교해봅니다.

- 비용, 교육내용, 취업가능성 등을 서로 비교해봅니다.
- 졸업 후 바로 취업을 희망할 때에는 직업정보(위치, 월급, 근무시간 등)를 비교해봅니다.

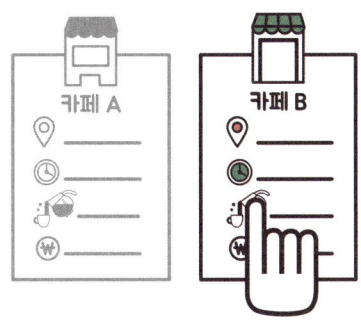

5. 비교한 내용으로 진로와 직업을 선택합니다.

- 비교 내용을 바탕으로 진로를 선택합니다. 대학진학, 복지관 서비스, 직업훈련, 취업 중에 한가지 진로를 선택합니다.
- 비교한 직업 중 한 가지를 선택합니다. 비교한 직업과 사업체 중 더 좋은 곳으로 선택합니다.

교사 활용 tip

진로의사결정은 어떤 문제에 대한 바람직한 해결책을 가져다줄 수 있는 여러 대안 중에 한 가지를 선택하는 것입니다. 현재와 목표 사이에 차이는 있을 수 있으나, 각 과정별로 중요성을 인식하고 목표를 이루기 위한 강한 동기부여가 필요한 영역입니다. 진로의사결정과정은 전 생애에서 중요한 부분이며, 반복적으로 학습하고 적용해 볼 수 있어야 합니다. 제시한 5단계의 과정을 정확하게 숙지할 수 있도록 교육합니다.

활동하기	**진로의사결정 해보기**
학습목표	앞에서 배운 내용을 잘 기억하여 단계별로 진로의사결정을 해보도록 합니다. 현재 고민중이거나 앞으로 고민해야 할 내용을 정하여 학습해보도록 합니다.

아래의 순서에 따라 진로의사결정을 해보도록 합시다.

1. 당신의 고민은 무엇인가요?
진로선택, 직업선택 영역에서 구체적인 고민이 있다면 작성할 수 있도록 해봅니다.

2. 정보수집을 위해 아래의 질문에 답을 작성합니다.

당신의 기질(성격)은?

당신이 좋아하는 것은?

당신의 흥미있는 직업은?

당신의 직업 가치관 1순위는?
만족스런 급여, 사회봉사, 안정적, 실력발휘 중 택1

3. 당신이 원하는 진로와 직업은?

1순위 진로(직업)　　　　　　　　　2순위 진로(직업)

4-1. 진로를 서로 비교해봅시다.

1순위 진로	2순위 진로
_____	_____

진로영역

나에게 필요한 교육프로그램은 있나요?

_____

집에서 1시간 이내의 위치에 있나요?

_____

비용은 어떻게 되나요?

_____

지금 나에게 정말 필요한 것인가요?

진로영역

나에게 필요한 교육프로그램은 있나요?

_____

집에서 1시간 이내의 위치에 있나요?

_____

비용은 어떻게 되나요?

_____

지금 나에게 정말 필요한 것인가요?

4-2. 직업을 서로 비교해봅시다.

1순위 직업	2순위 직업
………………………………	………………………………
직업영역	**직업영역**
급여는 어떻게 되나요?	급여는 어떻게 되나요?
………………………………	………………………………
집에서 1시간 이내의 위치에 있나요?	집에서 1시간 이내의 위치에 있나요?
………………………………	………………………………
내가 원하는 근무시간인가요?	내가 원하는 근무시간인가요?
………………………………	………………………………
내가 잘 할 수 있는 일인가요?	내가 잘 할 수 있는 일인가요?
………………………………	………………………………

5. 내가 원하는 한 가지 진로(직업)를 선택해봅시다.

비교한 내용을 바탕으로 내가 원하는 진로(직업)를 선택해서 적어봅시다.

교사 활용 tip

앞서 진행했던 자기분석 자료를 활용하여 진로의사결정을 할 수 있도록 합니다. 다양한 직업에 대해서 알지 못할 경우 교사가 추천을 할 수 있도록 하며, 확실하지 않는 내용은 임의로 설정하여 진행하도록 합니다.

Chapter 5

취업을 위한 실전준비

" 취업을 위해서는
내가 선택한 직장에서 원하는 채용절차를 이해하고
이력서, 자기소개, 면접 등을 준비해야 합니다
구체적인 취업 실전 준비 방법에 대해서 알아봅시다 "

취업실전 준비영역

01 직업별로 원하는 직원의 모습

직업에 따라 원하는 직원의 모습이 있습니다. 직업에 따른 바람직한 직원의 모습을 알아보고 내가 원하는 직업에서 요구하는 직원의 모습을 알아봅시다.

- **주요활동**
  1. 직업별로 원하는 직원의 모습
  2. 내가 선택한 직업에서 원하는 직원의 모습

이해하기	**직업별로 원하는 직원의 모습**
학습목표	직업별로 원하는 인재상(직원의 모습)이 있습니다. 직업에 따른 업무의 내용과 특성에 따라 달라질 수 있으나 대표적인 직업과 기업별로 원하는 인재상(직원의 모습)을 학습해봅시다.

대기업에서 원하는 직원의 모습

1위 창의성
새로운 것을 만들어냅니다.

2위 도전정신
용기있게 일합니다.

3위 전문성
자격증이 있거나 알고 있는 지식이 많습니다.

중소기업에서 원하는 직원의 모습

1위 열 정
열심히 일합니다.

2위 도전정신
용기있게 일합니다.

3위 책임감
주어진 일을 최선을 다해 마무리합니다.

대표 기업별로 원하는 직원의 모습

삼 성   전문성, 협력심, 자기표현능력
S K   기획력, 사교성, 도전정신

직종별로 원하는 직원의 모습

서비스직	생산직	사무직
협력심	열정	열정
사교성	협력심	협력심
열정	창의성	실행력
고객중심		

| 활동하기 | **내가 선택한 직업에서 원하는 직원의 모습** |

| 학습목표 | 앞에서 배운 내용을 잘 기억하여 내가 원하는 직업에서 원하는 직원의 모습은 어떠한지 학습해봅시다. |

아래 질문의 답을 빈칸에 작성해봅시다.

1. 내가 원하는 직업은 무엇인가요?

2. 내가 원하는 직업은 어떤 직종(하는 일)인가요?

3. 내가 원하는 직업에서 원하는 직원의 모습은?
직종별로 원하는 직원의 모습을 참고하여 작성하도록 합니다.

교사 활용 tip

자료는 대한상공회의소 기업의 인재상을 참고하였으며, 기업별, 직종별로 원하는 인재상과 주요 키워드를 이해할 수 있도록 정리하였습니다. 선택한 직업에 따른 인재상을 이해할 수 있도록 교육하며, 직업선택이 어려운 학습자는 교사가 임의로 정하여 필요로 하는 직원의 모습을 알 수 있도록 교육해봅니다.

02 채용절차는 어떻게 될까요?

취업하기 위해서 필요한 입사 과정은 기업마다 다를 수 있습니다. 채용의 절차에 대해서 알아보고 내가 원하는 직장에 입사하기 위한 채용과정에 대해서 알아봅시다.

- **주요활동**　　1. 채용의 절차

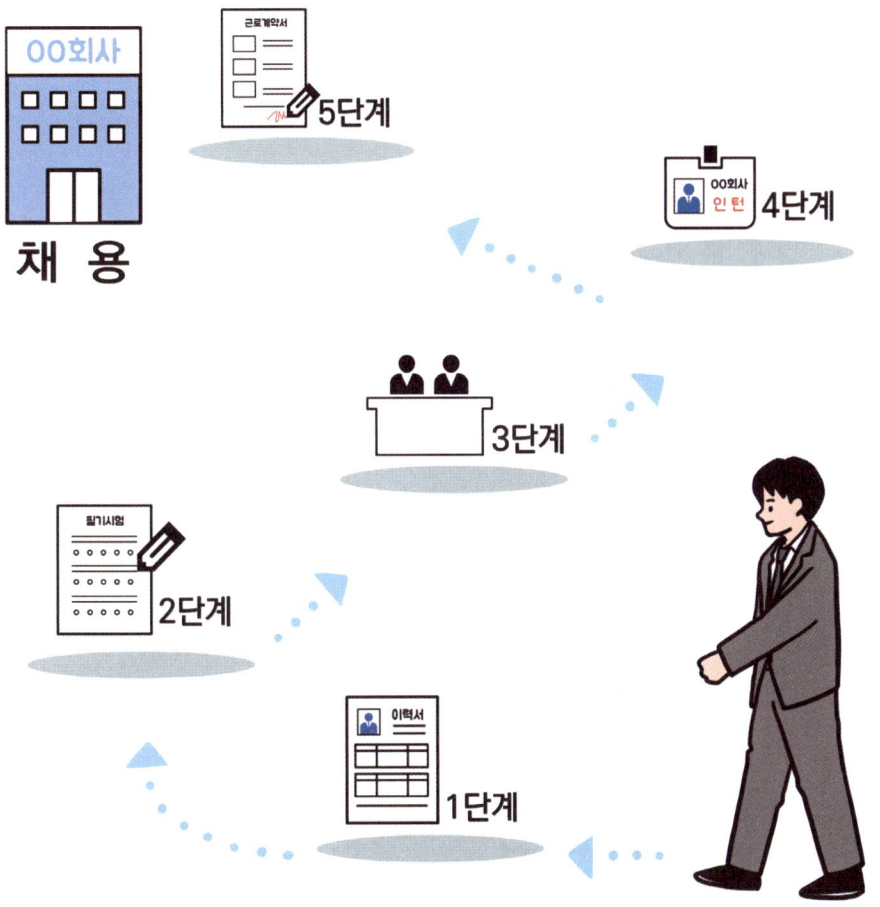

이해하기

채용의 절차

학습목표

원하는 직장에 취업을 하기 위해서 여러 채용의 과정을 거쳐야 합니다.
대표적인 채용의 절차에 대해서 아래의 내용을 바탕으로 학습해봅시다.

1단계 서류심사
이력서, 자기소개서 등

2단계 필기시험
업무에 필요한 내용 중심

일부 직장에서는 필기시험 과정이 없는 곳도 있습니다.

3단계 면접
개인면접 또는 그룹면접

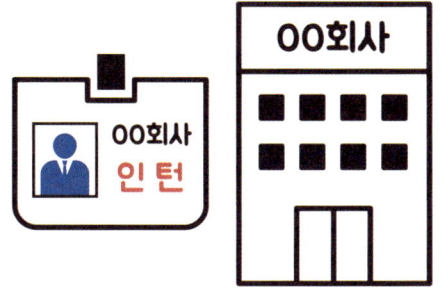

4단계 인턴과정

직무를 잘하는지 실제 업무를 해봅니다.

일부 직장에서는 인턴과정이 없는 곳도 있습니다.

5단계 직원으로 채용

최종 직원으로 채용되어 근로계약서를 작성합니다.

교사 활용 tip

채용의 과정에 따른 구체적인 내용은 취업실전 영역에서 교육하도록 하며, 채용의 과정을 이해하는데 중점을 두어 교육을 하도록 합니다. 일부 채용 과정 중 지원고용, 인턴을 목적으로 하는 과정 등은 추가적으로 설명을 할 수 있도록 합니다.

03 이력서 작성하기

내가 원하는 직장에 직원이 되기 위해서 가장 첫 단계는 이력서를 작성하는 것입니다.
이력서를 작성하기 전에 알아야 할 것과 올바른 이력서 작성 방법에 대해서 알아봅시다.

- **주요활동**   1. 이력서 이해하기
　　　　　　　2. 이력서 작성하기

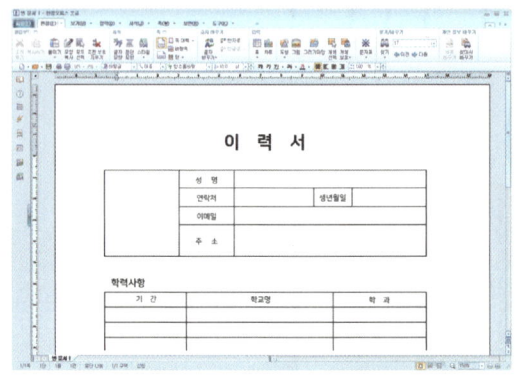

이해하기	**이력서 이해하기**
학습목표	채용의 과정 중에 1차적으로 서류심사를 하게 됩니다. 서류에는 여러 형태가 있지만 이력서는 내가 어떤 사람인지 알리는 서류입니다. 이력서의 구성요소에 대해서 학습해봅시다.

이력서란 내가 어떤 사람인지 알리는 서류입니다.

이력서 작성하기 전에 아래의 주요 내용을 알고 있어야 합니다.

- 자신의 성격
- 원하는 직업
- 자신의 직업능력
- 기업의 채용정보
- 기업의 기본적 정보
- 기업과 나의 요구사항

잘못된 이력서의 작성

- 필수내용의 누락   이름, 주소 등 인적사항을 적지 않은 경우
- 지원분야 오류   직장에서 원하는 직원과 내가 일하고 싶은 일이 다른 경우
- 잘못된 정보   학력, 경력 등을 잘못된 내용으로 작성할 경우

교사 활용 tip

앞서 교육했던 자기의 이해, 자기 분석영역에서 확인된 개인 선호도 등을 활용해서 교육하도록 합니다. 이력서의 샘플 양식 등을 활용하는 것도 좋은 방법입니다.

활동하기	**이력서 작성하기**
학습목표	앞에서 배운 내용을 바탕으로 이력서 양식을 활용하여 이력서를 작성해보도록 합시다.

이력서의 구성(빈칸에 내용을 작성해봅시다)

이 력 서

❶ 3개월 이내의 깔끔한 복장의 사진을 넣습니다.

증명사진	성 명			
	연락처		생년월일	
	이메일			
	주 소			

❷ 이름, 주소 등 개인정보를 넣습니다.

❸ **학력사항** 다녔던 학교 정보를 넣습니다.

기 간	학교명	학 과

❹ **경력사항** 다녔던 직장 정보를 넣습니다.

기 간	경력사항	직 위

❺ **자격 및 특기** 가지고 있는 자격증, 특기사항을 넣습니다.

취득일	자격증	발행처

04 자기소개서 작성하기

자기소개서는 이력서의 내용을 더 구체적으로 풀어서 작성한 설명서입니다.
자기소개서의 구성과 올바른 작성방법에 대해서 알아봅시다.

- **주요활동**　　1. 자기소개서 이해하기
　　　　　　　　2. 자기소개서 작성해보기

이해하기	**자기소개서 이해하기**
학습목표	채용의 과정 중에 1차적으로 서류심사를 하게 됩니다. 서류에는 여러 형태가 있지만 자기소개서는 이력서의 내용을 더 자세하게 작성하는 서류입니다. 자기소개서의 구성요소에 대해서 학습해봅시다.

자기소개서는 이력서의 내용을 더 자세하게 작성하는 서류입니다.

자기소개서의 구성

- 1. 성장과정   고등학교 시절 등 최근의 내용을 작성합니다.
- 2. 나의 성격   성격의 장점과 단점을 작성합니다.
- 3. 경력사항   자신의 학교생활, 직장경험을 작성합니다.
- 4. 지원동기   자신이 직장에 다니고 싶은 이유를 작성합니다.
- 5. 입사 후 포부 앞으로 자신의 각오를 작성합니다.

자기소개서에서 가장 중요하게 보는 것

1순위	2순위	3순위
자신의 성격	지원동기	직무와 관련된 경험

자기소개서 작성 시 주의해야 하는 것

- 1. 솔직하게 작성해야 합니다. 사실과 다른 내용은 안돼요!
- 2. 이해하기 쉽게 작성해야 합니다. 어려운 단어, 모호한 단어 사용은 피해야해요!
- 3. A4 1장~2장 정도만 작성하도록 합니다. 너무 많은 내용, 너무 적은 내용은 안돼요!
- 4. 작성 후 꼭 부모님, 담당선생님에게 도움을 받도록 합니다. 주변 사람에게 도움을 요청하세요!

교사 활용 tip

자기소개서에 필수적으로 작성해야하는 내용을 중심으로 정리를 하였습니다. 전체적인 내용 이해에 어려움이 있더라도 구체적인 사례를 중심으로 교육을 할수 있도록 합니다.

활동하기	**자기소개서 작성해보기**
학습목표	앞에서 배운 내용을 바탕으로 자기소개서 양식을 활용하여 자기소개서를 작성해보도록 합시다.

아래의 빈칸에 내용을 작성하도록 합니다.

자기소개서

성장과정
어릴 때, 고등학교 시절 행복했던 기억을 작성합니다.

나의 성격
성격의 장점,단점을 작성합니다.

경력사항
아르바이트, 직장, 봉사활동 경험을 작성합니다.

아래의 빈칸에 내용을 작성하도록 합니다.

지원동기
일하고 싶은 이유를 작성합니다.

입사 후 포부
직원으로 채용된 이후 각오를 작성합니다.

교사 활용 tip
활동지에 모든 내용을 작성하기 어려울 경우에는 별도의 용지에 작성하도록 합니다. 작성 이후에는 학습동료들에게 발표하도록 하거나 교사의 도움으로 내용을 공유하도록 합니다.

05 나만의 면접 준비

면접은 서류심사 통과 이후 직원이 되기 위해 진행되는 가장 중요한 단계의 선발과정입니다. 면접이란 무엇이며, 어떻게 준비해야 하는지 알아봅시다.

- **주요활동**
  1. 면접이란
  2. 면접준비
  3. 면접을 위한 최종 점검
  4. 모의면접해보기

이해하기

면접이란

학습목표 실제 면접을 준비하기 전 면접이란 무엇이며, 면접의 종류, 면접장의 구성, 면접에서 가장 영향을 주는 것을 학습하도록 합니다.

면접이란

- 일을 얼마나 잘할 수 있는지
- 일을 열심히 하려는 태도를 가지고 있는지
- 직원들과 잘 어울릴 수 있는 성품을 가지고 있는지 확인하는 과정.

면접장의 구성

- **면접자**   서류심사를 통과한 지원자를 말합니다.
- **면접관**   면접자를 심사하는 사업체의 직원을 말합니다.
             (대표, 인사담당자, 일반직원 등)
- **면접장**   면접을 보는 장소이며, 정해진 자리에 앉아서 면접을 봅니다.

면접의 종류

1:1 면접
면접자 1명과
면접관들이 보는 면접

그룹 면접
면접자 2~5명과
면접관들이 보는 면접

발표 면접
면접자 1명이 주어진 과제를
면접관들 앞에서 발표하면서
보는 면접

면접에서 가장 큰 영향을 주는 것

1순위
시각적인 모습
표정, 자세, 복장 등

2순위
목소리
목소리 크기, 자신감 있는 목소리 등

3순위
질문에 맞는 답변 내용

이해하기

면접준비

학습목표   실전 면접 준비를 위해서 알아야 할 면접복장, 면접자세, 면접 시 주의사항 등을 알수 있도록 학습합니다.

올바른 면접복장

올바른 면접 복장상태 **남 성**   올바른 면접 복장상태 **여 성**

- 계절에 맞는 깔끔한 옷(정장)을 입도록 합니다.
- 단정한 머리스타일, 깔끔한 면도 상태(남자), 화장 상태(여자) 등을 확인하도록 합니다.
- 액세서리(목걸이, 귀걸이, 모자 등)는 피하도록 합니다.

올바른 면접자세

첫인사

면접장에 들어올 때는 "안녕하십니까?"라고 말하며 가벼운 목례 인사를 하면서 들어옵니다.

착석 자세

앉을 때는 무릎을 모으고 허리를 세워 바르게 앉도록 합니다.

표정 및 움직임

밝은 표정을 유지하도록 합니다.
몸을 많이 움직이거나 면접이 끝나기 전에 일어나지 않도록 주의합니다.

이해하기　**면접을 위한 최종 점검**

학습목표　실전 면접 준비를 위해 면접 준비 기간별로 해야 할 것을 알고 면접 예상 질문, 주의 사항 등을 알 수 있도록 학습합니다.

면접 1주일 전

☑ 예상 질문과 답변 연습을 합니다.　　☑ 면접복장을 준비합니다.

면접 하루 전

☑ 준비물(신분증, 제출서류)을 챙깁니다.　　☑ 좋은 컨디션 유지를 위해 일찍 잡니다.

면접 당일

준비물을 확인하고 면접장에 30분 일찍 도착합니다.

면접 시 하지 말아야 할 6가지

1. 면접 시간에 늦으면 안 됩니다.
2. 농담을 하면 안 됩니다.
3. 거짓말을 하면 안 됩니다.
4. 고개를 숙이거나, 몸을 흔들면 안 됩니다.
5. 면접이 끝나기 전에 면접장을 나가면 안 됩니다.
6. 질문의 내용과 상관없는 답변을 하면 안됩니다.

면접 시 자주 나오는 질문들

- 살고 있는 곳은 어디인가요?
- 집에서 직장까지 어떻게 오셨나요?
- 성격의 장점과 단점을 이야기해보세요
- 자기소개를 1분 이내로 말씀해주세요.
- 우리 회사에 대해서 아는 대로 말씀해주세요.
- 이전에 다녔던 직장은 어떤 곳인가요?
- 이전 직장에서 관둔 이유는 무엇인가요?
- 가장 존경하는(좋아하는) 사람은 누구인가요?
- 우리 직장에 취업을 한다면 어떤 각오로 일을 하실 건가요?

교사 활용 tip

면접장에서 필요한 준비물(신분증, 제출서류 등)은 실제로 보여주면서 교육을 하며, 올바른 복장과 자세는 실제로 학습자와 함께 해보는 것도 좋습니다. 면접 예상 질문과 답변 내용을 함께 이야기하거나 적어보게 하는 것도 면접을 이해하는데 도움이 될 수 있습니다.

이해하기

모의면접 해보기

학습목표 앞에서 배운 내용을 잘 기억하여 실제로 모의 면접을 진행해봅니다. 모의 면접을 위해 사전에 준비해야 하는 것을 잘 확인하고 학습 동료들과 역할을 나누어 학습해봅니다.

모의 면접을 위해 사전에 준비해야 하는 것

1. 몇 일 전에 일정을 정해 면접 복장(정장)을 입고 오도록 합니다.
2. 미리 작성한 이력서, 자기소개서를 준비합니다.
3. 모의 면접을 위한 면접관을 정합니다.(학습자 또는 교사, 전문가 등)
4. 면접실을 준비합니다.

모의 면접 해보기

1. 면접장에 들어옵니다.
   - 바른자세로 '안녕하십니까' 라고 서로 인사합니다.
   - 자신이 앉아야 할 자리를 확인합니다.

2. 자리에 앉습니다.
   - 자신의 자리에 바른 자세로 앉습니다.
   - 면접관의 질문을 잘 들을 수 있도록 면접관을 바라보고 집중하도록 합니다.

3. 면접관은 질문을 합니다.

- 면접관은 예상 질문으로 면접자에게 질문을 합니다.
- 중요한 내용을 중심으로 여러 질문을 하도록 합니다.

4. 면접자는 답변을 합니다.

- 면접관의 질문에 답변을 합니다.
- 잘 모르는 질문이 있을 경우는 솔직하게 답변을 하도록 합니다.

5. 면접이 끝나면 인사하고 퇴장합니다.

- 면접관은 질문이 끝나면 '수고하셨습니다. 나가셔도 좋습니다' 라고 이야기합니다.
- 면접자는 면접이 끝이나면 일어나서 인사를 하고 조용히 면접장을 나가도록 합니다.

교사 활용 tip

모의 면접을 진행하기 전에 면접 준비 기간을 충분히 주고 연습하도록 합니다. 모의 면접 당일에는 면접복장을 입고 면접을 보도록 하여 현장감을 높이도록 합니다.

Chapter 6

행복한 직장생활 준비

" 준비 없이 직장생활을 시작하면
어려움을 많이 경험하게 됩니다.
행복한 직장생활을 위해 필요한 것에 대해서 배워봅시다 "

취업 후 관리영역

01 출근 전 준비

힘들게 들어간 직장으로 첫 출근하는 날은 누구에게나 설렘이 있습니다. 행복한 직장생활의 시작을 위해서 출근 복장, 외모 관리, 출근시간과 이동방법, 그리고 직장에 대한 기본적인 정보를 미리 파악할 수 있도록 해야 합니다.

- **주요활동**
  1. 올바른 출근복장과 외모관리
  2. 출근시간과 직장으로 가는 이동방법
  3. 직장의 기본 정보 알기

활동하기	**올바른 출근복장과 외모관리**
학습목표	직장에 출근하는 직원으로 갖추어야 할 출근복장이 있습니다. 직무에 따라 복장의 특성은 있을 수 있으나, 보통 직장인이 갖추어야 할 출근복장과 외모관리는 어떻게 해야 하는지 학습하도록 합니다.

질문에 해당되는 그림에 O를 해보세요.

올바른 출근 복장은 어떤 그림일까요?

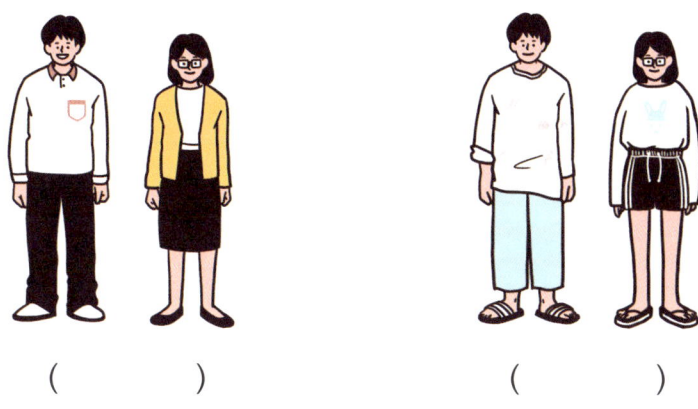

(   )   (   )

출근 시 올바른 외모는 어떤 그림일까요?

(   )   (   )

교사 활용 tip

상황에 맞는 단정한 옷차림, 자신의 의복을 관리하는 방법(세탁관리, 계절이 지난 옷 보관방법 등)도 함께 학습이 될 수 있도록 교육합니다. 남자의 경우는 헤어스타일, 면도 상태, 여자의 경우는 화장, 액세서리 착용 등의 내용을 추가해서 교육하도록 합니다.

활동하기	**출근시간과 직장으로 가는 이동방법**
학습목표	정해진 출근시간에 출근을 하기 위해 집에서 출발해야 하는 시간과 이동방법에 대해서 알 수 있도록 학습합니다.

질문의 답을 빈칸에 작성하도록 합니다.

출근 시간을 확인합니다.

출근 시간은 몇 시 인가요?

_____

직장으로 가는 방법을 확인합니다.

9시까지 출근하기 위해서
몇시에 집에서 나와야 하나요?

_____

2호선 홍대역으로 가기 위해서
어떻게 가야 하나요?

_____

활동하기	**직장의 기본 정보 알기**
학습목표	직장생활을 하기 위해서 기본적으로 알고 있어야 할 정보는 어떤 것이 있는지 학습해봅니다.

질문의 답을 빈칸에 작성하도록 합니다.

직장의 정확한 이름 알기

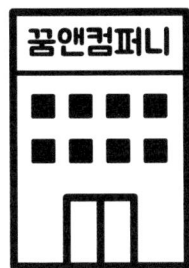

직장 이름은 어떻게 되나요?

_____

직장 동료

직장 동료의 이름과 연락처는?

_____

일하는 부서와 장소알기

일하는 부서명과 장소는 몇 층인가요?

_____

02 균형 있는 시간관리

건강한 직장생활을 위해서는 주어진 하루를 어떻게 계획하느냐에 따라 달라질 수 있습니다. 직장생활, 가정생활, 여가 시간을 잘 계획한다면 균형 있는 하루를 보낼 수 있습니다.

- **주요활동** 1. 하루 동안 꼭 해야 하는 것
  2. 일과표 작성해보기

활동하기	**하루 동안 꼭 해야 하는 것**
학습목표	직장인으로서 주어진 하루를 균형있게 잘 보내기 위해서 사전에 확인해야 할 정보들과 나만의 시간사용 계획을 수립하기 위한 준비를 해보도록 합시다

질문의 답을 빈칸에 작성하도록 합니다.

일하는 시간 확인하기

하루에 몇 시간 일을 하나요?

_____

식사하는 시간 확인하기

하루에 몇 시간 정도 식사를 하나요?

_____

운동하는 시간 확인하기

하루에 몇 시간 정도 운동을 하나요?

_____

여가 시간 확인하기

하루에 몇 시간 정도 여가 시간을 가지나요?

_____

잠을 자는 시간 확인하기

하루에 몇 시간 정도 잠을 자나요?

_____

1년 뒤에 이루고 싶은(가지고 싶은) 것 3가지를 작성해보세요

1.

2.

3.

교사 활용 tip

하루 일과 계획표를 작성하기 위해 하루 동안 꼭 해야 하는 일과와 자신이 이루고 싶은 목표를 달성하기 위해 해야 하는 일을 구분할 수 있도록 교육합니다.

활동하기	**일과표 작성해보기**
학습목표	앞서 활동한 내용을 참고해서 아래의 일과표에 자신의 하루를 계획해보도록 합시다.

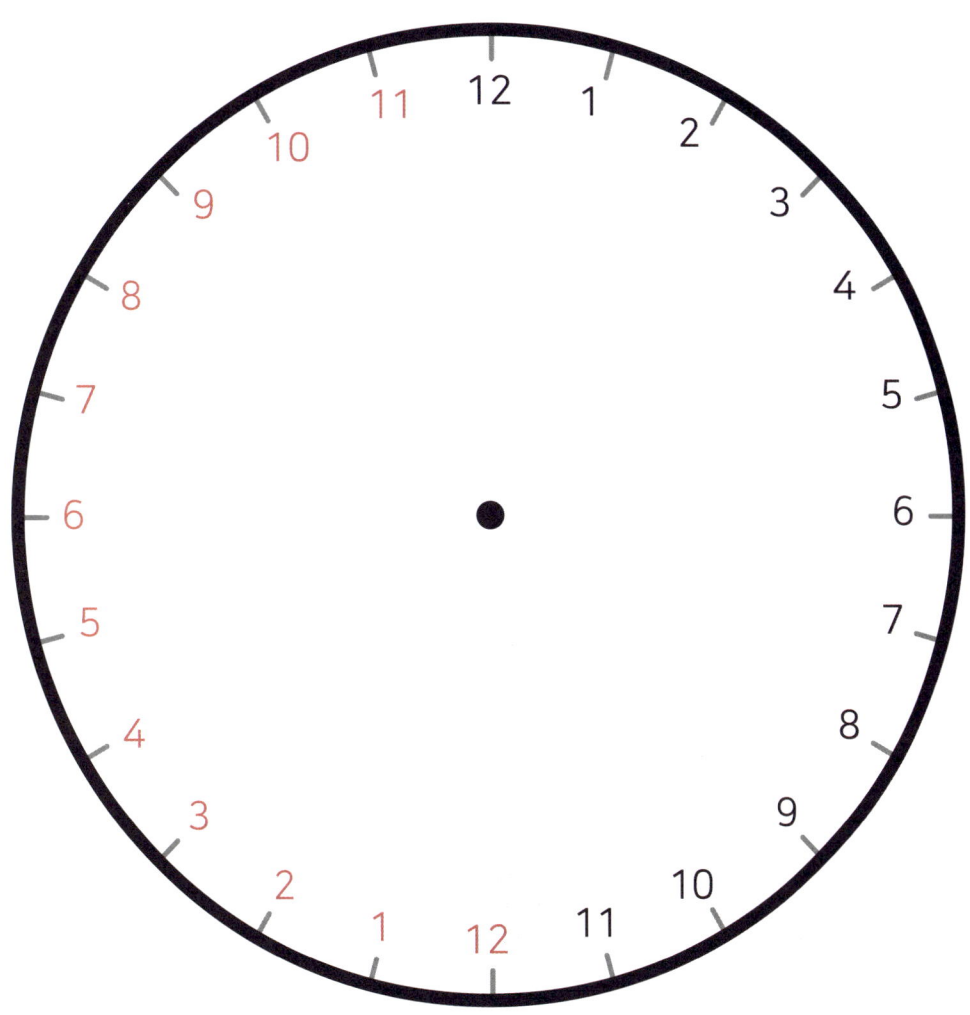

교사 활용 tip

현재 어떻게 시간을 관리하고 있는지 확인하고 교육을 통해 바람직한 시간관리가 가능하도록 하루에 꼭 해야 하는 일과와 자신이 이루고 싶은 목표를 달성하기 위해 해야 하는 것을 일과표에 작성할 수 있도록 지도합니다.

03 올바른 직장예절

직장에서는 동료들과 많은 시간을 함께합니다. 서로가 지켜야 하는 예절을 지키지 못하면 좋은 관계로 이어지지 못할 수도 있습니다. 직장에서 지켜야하는 인사예절, 전화예절, 식사예절에 대해서 알아봅시다.

주요활동
1. 올바른 인사예절
2. 올바른 전화예절
3. 올바른 식사예절
4. 업무시간에 주의해야 하는 것

| 이해하기 | **올바른 인사예절** |

| 학습목표 | 직장에서 직원들간에 지켜야하는 예절 중 인사예절에 대해서 학습해보도록 합니다. 그리고 조직도란 무엇인지에 대해서도 이해할 수 있도록 학습합니다. |

조직도란 직장에서 책임과 권한을 나타내는 호칭을 이야기 합니다.

직장에서의 기본적인 조직도

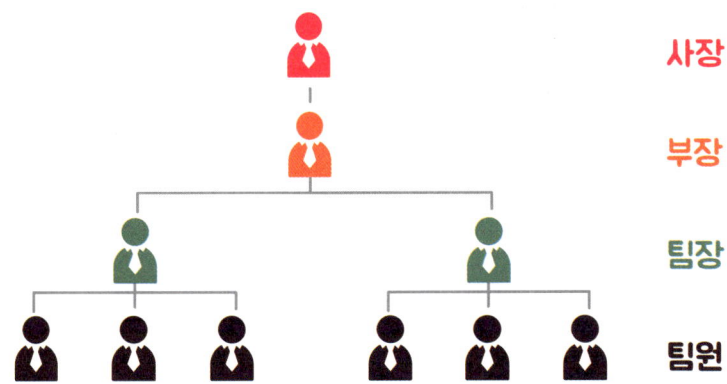

질문의 답을 빈칸에 작성하도록 합니다.

　　직장에서 가장 책임과 권한이 높은 사람은 누구인가요?

_____

상황에 따른 인사예절

- **출근시간 인사**

    "좋은 아침입니다", "안녕하세요" 라고 밝은 표정으로 가볍게 인사를 합니다.

- **점심시간 인사**

    "식사 맛있게 하세요", "잘 먹겠습니다."라고 밝은 표정으로 인사를 합니다.

- **직장에서 마주칠 때 인사**

    "안녕하세요", "수고하세요" 라고 가볍게 목례 인사를 합니다.

- **퇴근시간 인사**

    "오늘 하루 수고 많으셨습니다", "먼저 퇴근하겠습니다", "내일 뵙겠습니다" 라고 인사를 합니다.

교사 활용 tip

조직도는 기업의 특성에 따라 다르게 적용이 될 수 있습니다. 조직도의 의미에 대해서 교육을 하는데 중점을 두도록 합니다. 인사예절은 실제로 연습을 통해 진행을 하며, 표정이나 손동작 등도 함께 교육이 되도록 합니다.

이해하기 **올바른 전화예절**

학습목표 주어진 업무에 따라 전화 사용이 많거나 없을 수도 있습니다. 전화를 하거나 받는 일은 직장뿐만 아니라 일상생활 속에서도 자주 일어날 수 있습니다. 전화를 주고 받는 상황에서 지켜야 할 예절에 대해서 학습해봅시다.

전화를 받을 때 전화예절

- **자신의 소속과 이름 말하기**
  "○○○회사 ○○○이라고 합니다"

- **용건 확인하기**
  "무슨일로 전화하셨나요?"

- **용건 확인 후 조치하기**
  "○○○ 팀장님 연결해드리겠습니다"
  "지금은 부재중이라 성함과 연락처를 알려주시면 전달하도록 하겠습니다."

- **전화 끊기**
  "감사합니다.", "연락드리겠습니다" 라고 인사하고 전화를 끊습니다.

전화기 사용 방법, 전화예절은 사전에 충분한 학습과 연습이 필요합니다.

전화를 걸 때 전화예절

- **자신의 소속과 이름 말하기**
  "OOO회사 OOO이라고 합니다"

- **용건 이야기 하기**
  "OOO팀장님과 통화가 가능할까요?" 기타 전화를 한 목적을 이야기합니다.

- **담당자가 있을 경우**
  자신이 전화한 목적을 자세하게 설명합니다.

- **담당자가 없을 경우**
  자신의 이름과 연락처를 남깁니다.

- **전화 끊기**
  "감사합니다", "수고하세요" 라고 인사하고 전화를 끊습니다.

전화기 사용 방법, 전화예절은 사전에 충분한 학습과 연습이 필요합니다.

| 이해하기 | **올바른 식사예절** |

| 학습목표 | 직장에서는 함께 일하는 직원들과 점심을 먹거나 회식을 하는 경우가 있습니다. 직장동료들과 식사를 하는 상황에서 지켜야 할 예절에 대해서 학습해봅시다. |

점심식사를 할 때 식사예절

- **식사 메뉴를 정할 때**

    내가 먹고 싶은 메뉴를 솔직히 이야기하고 동료들과 편하게 메뉴를 정하도록 합니다.

- **식사하기 전**

    음식이 나오면 다같이 먹도록 합니다.
    "맛있게 드세요" 라고 인사합니다.

- **식사 중**

    대화를 할 때에는 입안에 음식물이 보이지 않도록 조심합니다.
    음식을 먹는 소리가 크지 않도록 합니다.
    음식물을 남기지 않도록 적당한 양만 주문하도록 합니다.

- **식사가 끝나고 난 후**

    "잘 먹었습니다" 라고 인사합니다.
    식사 후에는 반드시 양치질을 하도록 합니다.

회식을 할 때 예절

- 회식 일정을 잡을 때

    급하게 잡히는 일정은 꼭 가능한 경우에만 참석하도록 합니다.

- 술을 먹는 회식자리

    술은 자신이 먹을 수 있는 만큼만 먹도록 합니다.
    술을 따를 때에는 두손으로 따르도록 합니다.

- 회식 시간

    회식 시간에는 동료들과 편하게 이야기를 합니다.
    귀가해야 하는 시간이 되면 이야기를 하고 먼저 일어나도록 합니다.

이해하기

업무시간에 주의해야 하는 것

학습목표   업무시간과 쉬는 시간을 잘 구분해서 업무에 방해가 되는 행동을 하지 않아야 합니다.
업무시간에 주의해야 하는 것에 대해서 학습해보도록 합니다.

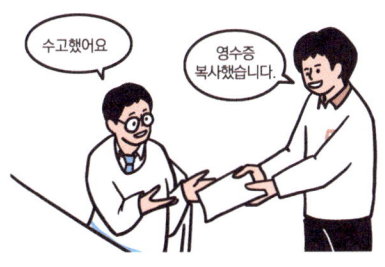

- 업무시간에는 힘들게 일하는 동료를 도와서 함께 일하도록 합니다.
- 업무의 시작과 종료시 정리를 함께 하도록 합니다.

- 업무시간에는 핸드폰을 자주 사용하지 않습니다.
- 통화를 할 때는 휴게실에서 조용한 목소리로 합니다.

- 업무시간에 졸거나 장시간 자리를 비우지 않습니다.
- 주어진 일에 집중하도록 합니다.

쉬는 시간 활용 방법

- 가벼운 몸풀기 스트레칭을 하는 것도 좋습니다.
- 따뜻한 차, 음료 등을 섭취하는 것도 좋습니다.
- 음악을 듣거나 가벼운 핸드폰 검색을 하는 것도 긴장을 푸는데 도움이 됩니다.
- 화장실을 이용하거나 가벼운 산책도 업무 집중에 도움이 될 수 있습니다.

교사 활용 tip

업무시간에 주의해야 하는 몇 가지에 대해서 이해할 수 있도록 제시하였습니다. 작업장, 직장에서 지켜야하는 업무규칙 등의 중요성을 알 수 있도록 교육하고 다양한 상황에 대해서는 상황극을 해보면서 재미있게 구성해보는 것도 좋습니다.

04 직무능력관리

직장에 출근을 하게 되면 업무를 배우게 됩니다. 나에게 주어진 업무를 잘 하기 위해서는 끊임없는 연습과 노력이 필요합니다. 나의 직무능력을 높이기 위한 방법을 알아봅시다.

주요활동 1. 나의 업무는 무엇인가요?
2. 업무능력 높이기

이해하기 나의 업무는 무엇인가요?

학습목표 직장에서 자신의 직무능력을 관리하기 위해서는 자신의 명확한 직무가 무엇인지 알고 어떻게 관리해야 하는지 확인 후 부단히 노력해야 합니다. 직무가 무엇인지 알아보고 직무능력관리 방법을 학습해보도록 합시다.

업무(직무)란 내가 출근해서 해야 하는 일의 내용을 의미합니다.

대표적인 편의점 스태프, 사무보조 직무에 대해서 알아봅시다.

편의점 스태프 주요 직무 내용

- 출근 후 편의점을 깨끗하게 청소합니다.
- 상품을 진열대에 정리합니다.
- 손님이 오면 반갑게 인사합니다.
- 상품의 바코드를 인식시켜 계산을 합니다.
- 퇴근 전 동료직원과 함께 수익금을 계산합니다.
- 수익금을 회사 통장에 입금합니다.

사무보조 주요 직무 내용

- 출근 후 사무실을 깨끗하게 청소합니다.
- 문서를 복사합니다.
- 컴퓨터로 문서를 작성합니다.
- 전화가 오면 전화를 받습니다.
- 우편물을 우체국에 가서 발송합니다.

활동하기	**업무능력 높이기**
학습목표	자신에게 주어진 업무를 잘하기 위해서는 지속적인 노력이 필요합니다. 자신의 업무능력을 높이기 위한 방법에 대해서 학습해보도록 합시다.

업무능력을 높이기 위한 방법

옆의 그림은 어떤 상황일까요?

_____

옆의 그림은 어떤 상황일까요?

_____

옆의 그림은 어떤 상황일까요?

_____

교사 활용 tip

업무능력을 높이기 위해서 반복적인 연습, 자격증 공부, 동료 직원에게 배우는 등의 대표적인 방법을 그림을 보고 빈칸에 작성하도록 합니다. 그 외에도 직장에서 정기적으로 진행되는 의무교육 및 직무교육에 대해서도 교육하도록 합니다.

05 급여를 어떻게 쓸까요?

일을 해서 받은 급여를 잘 관리해야 안정적인 생활을 할 수 있습니다. 나의 수입, 지출을 파악하고 급여를 관리하는 방법에 대해서 알아봅시다.

주요활동
1. 급여란
2. 고정적인 수입과 지출
3. 용돈(급여) 사용계획서 작성

활동하기	**급여란**
학습목표	자신의 급여를 관리하기 위해서는 급여가 어떻게 되는지 알고 있어야 합니다. 시급, 급여, 연봉이 무엇인지 학습해보도록 합시다.

시급이란 한 시간 동안 일을 한 대가

올해의 시간 당 최저시급은 얼마일까요? _____ 원

급여(월급)란 한 달 동안 일을 한 대가

올해의 한 달 최저급여(월급)는 얼마일까요? _____ 원

연봉이란 1년 동안 총 급여의 합

월급 + **인센티브**

성과급(인센티브)은 업무능력, 사업성과 등을 평가해서 받는 추가적인 돈을 의미합니다.

내가 받고 싶은 급여(월급)는 얼마정도인가요?

희망하는 급여(월급)는? _____ 원

이해하기	**고정적인 수입과 지출**
학습목표	자신의 급여를 관리하기 위해서는 고정적인 수입과 지출은 어떤 것이 있는지 알고 있어야 합니다. 기본적인 수입과 지출에 대해서 학습해보도록 합시다.

고정적인 매월 수입

용돈　　　　　　　급여(월급)

고정적인 매월 지출

식사비(간식비)　　　　　교통비

각종 공과금　　　　　여가활동비

교사 활용 tip

제시된 지출 항목 이외에도 성인이 되어 독립을 했을 경우 지출이 가능한 보험료, 임대료(월세 등), 대출이자, 각종 세금, 품위유지비, 저축 등을 추가적으로 설명할 수 있도록 합니다.

활동하기   **용돈(급여) 사용계획서 작성**

학습목표   직장인으로서 한 달 동안의 고정적인 수입과 지출을 알고 아래 표를 활용하여 한 달 동안의 용돈(급여) 사용계획서를 작성해보도록 합시다.

용돈(급여) 사용계획서

사용기간 :　　　년　　　월

항목		내용	금액(원)
수입	항목1		
	항목2		
지출	항목1		
	항목2		
	항목3		
	항목4		
	항목5		
	항목6		

교사 활용 tip

수입은 용돈 또는 급여 중 하나를 정하여 수입 금액을 임의로 정합니다. 수입에 따른 지출은 학생 또는 직장인 중 하나를 선택하여 항목을 정하고 지출하고자 하는 금액을 정해보도록 합니다.

06 안전한 직장생활

직장생활에서 자기관리는 매우 중요합니다. 자기관리 내용 중 건강관리를 하는 방법, 직장에서의 위험상황과 문제해결 방법에 대해서 알아봅시다.

주요활동
1. 건강관리 방법
2. 업무 중 생길 수 있는 문제
3. 문제 해결하기

이해하기	**건강관리 방법**
학습목표	건강관리를 못 할 경우, 일을 할 때 힘들거나 몸이 아플 수 있습니다. 올바른 건강 관리 방법에 대해서 학습해보도록 합시다.

올바른 식습관을 가지도록 합니다.

- **음식을 골고루 먹는 습관**
  편식하지 않고 골고루 먹도록 합니다.

- **아침, 점심, 저녁을 먹는 습관**
  규칙적으로 아침, 점심, 저녁을 먹도록 합니다.

올바른 수면습관을 가지고 있어야 합니다.

- **규칙적인 수면 습관**
  정해진 시간에 수면을 하도록 합니다.

- **충분한 수면 습관**
  7~8시간 충분한 수면을 하도록 합니다.

규칙적인 운동을 하도록 합니다.

- **규칙적인 운동**
  자전거 타기, 걷기 등 가벼운 운동을 규칙적으로 합니다.

- **업무 중 스트레칭**
  쉬는 시간을 활용해서 몸을 가볍게 풀도록 합니다.

| 활동하기 | **업무 중 생길 수 있는 문제** |

학습목표 업무 중에 생길 수 있는 다양한 상황에 대해서 알아보도록 합시다.

업무 중에 다칠 수 있어요.
항목과 그림에 맞게 연결해 봅시다.

낙 상　•　　　　　•　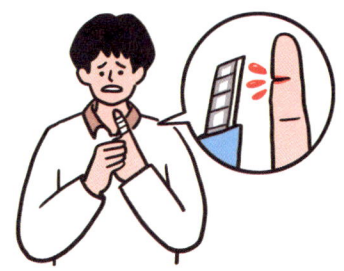

허리부상　•　　　　•　

찰과상　•　　　　　•　

물건이 파손 될 수 있어요.
항목과 그림에 맞게 연결해 봅시다.

접시파손 • •

상품파손 • •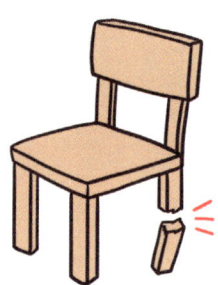

시설물 파손 • •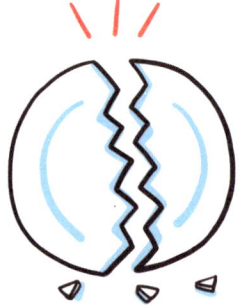

인권, 성희롱, 개인정보 관리 등의 문제가 생길 수 있어요.
항목과 그림에 맞게 연결해 봅시다.

인권문제 •   •

성희롱문제 •   •

개인정보
관리 문제 •   •

민원이 발생 될 수 있어요.

항목과 그림에 맞게 연결해 봅시다.

불친절　•　　　　•

통행 불편　•　　　•

교사 활용 tip

제시된 상황 이외에도 직장생활 중에 발생될 수 있는 동료와의 관계에서 오는 문제, 부당한 대우, 장애인 차별 등을 추가적으로 설명할 수 있도록 합니다.

이해하기	**문제 해결하기**
학습목표	업무 중에 발생 될 수 있는 다양한 문제상황을 해결하는 절차에 대해서 학습하도록 합니다. 또한 퇴사, 이직을 할 때에 어떤 절차로 진행해야 하는지 알아보도록 합시다.

업무 중에 다치거나 민원이 생겼을 때

1. 혼자서 판단하지 말고 꼭! 직장 담당직원에게 알리도록 합니다.
2. 다쳤을 때에는 병원에서 치료를 받고 업무 중 발생된 사고 시 병원비용을 회사에 청구할 수 있습니다.
3. 민원이 발생 되었을 때에는 친절하게 처리할 수 있도록 합니다.

인권, 성희롱, 개인정보 등의 문제 발생시

1. 인권, 성희롱, 개인정보와 관련된 문제는 중요한 문제이므로 전문가의 도움을 받을 수 있도록 합니다.
2. 인권, 성희롱 문제

    국가인권위원회 ☎ **1331**   장애인인권침해예방센터 ☎ **1577-5364**

퇴사를 하고 싶을 때

1. 퇴사를 하고자 하는 이유를 명확히 합니다.
2. 부모님, 취업담당자(복지관, 장애인공단 등)와 상담을 하도록 합니다.
3. 최소 한 달 전 또는 최대한 빨리 회사 담당자에게 알리도록 합니다.
4. 퇴사 시에는 직원들과 인사하고, 개인 짐을 잘 정리하도록 합니다.

교사 활용 tip

다양한 문제 상황과 해결 방법에 대해서 숙지할 수 있도록 하며, 무엇보다 자신이 타인에게 문제 상황을 만들지 않게 주의하도록 교육합니다.

Chapter 7

내 인생은
내가 계획하자!

" 자신의 진로와 직업, 내가 바라는 10년 뒤의 나의 모습을
생각하며 인생계획서를 작성하도록 합시다 "

진로직업설계영역

01 진로직업계획 작성

자신의 진로와 직업, 그리고 10년 뒤의 자신의 모습을 기대하면서 진로직업계획서를 작성해보도록 합시다.

- **주요활동**   1. 진로직업계획서 작성하기

활동하기	**진로직업계획서 작성하기**
학습목표	앞에서 배운 내용을 잘 기억하여 자신의 진로직업계획서를 작성해봅시다.

진로직업계획서를 작성해봅니다.

나의 진로직업 계획서

나의 인생 목표 추구하고자 하는 것 예:행복,즐거움 등	
희망하는 직업 구체적인 직업명	
준비해야 할 것 자격증, 교육 등	
준비하는 곳 직업훈련, 대학 등	

닮고 싶은 사람	10년 뒤에 이루고 싶은 것

교사 활용 tip

구체적인 내용 작성을 어려워하는 학습자는 교사가 함께 작성하도록 합니다. 구체적인 직업목표가 없는 학습자는 임의의 직업을 선정하여 준비 과정에 대해서 작성하도록 하며 완료 후 서로 발표할 수 있도록 수업을 진행합니다.

02 나의 멘토 찾기

누구나 진로와 직업을 선택하는 과정에서 해결하고 싶은 고민이 생길 수 있습니다. 이러한 고민을 해결하기 위해서 도움을 받을 수 있는 자신의 멘토를 찾고 활용하는 방법에 대해서 알아봅시다.

- **주요활동**　1. 나의 멘토 찾기
　　　　　　　2. 나의 멘토 활용하기

활동하기	**나의 멘토 찾기**
학습목표	진로, 직업을 선택하는 과정에서 많은 고민이 생길 수 있습니다. 이러한 고민을 해결해 줄 수 있는 사람을 멘토라고 합니다. 멘토란 무엇인지 알아보고 나의 멘토를 찾는 방법에 대해서 학습해보도록 합시다.

멘토란?

- 경험과 지식이 풍부하여 도움을 줄 수 있는 사람
- 고민을 해결해 줄 수 있는 사람
- 내가 닮고 싶은 사람

멘토가 될 수 있는 사람은?

선생님 부모님

선배, 친구 전문가

멘토를 찾기 전에 확인해야 할 것

1. 관심 직업분야 선택하기
   서비스직종, 제조직종, 사무직종 등

2. 관심분야 선택하기
   직장선택, 자격증, 이력서작성, 면접준비 등
   직장생활, 업무관련, 이직(퇴사) 등

활동하기	**나의 멘토 활용하기**
학습목표	앞에서 배운 내용을 참고해서 나의 멘토에게 어떤 고민을 이야기 할 수 있는지 대표적인 내용을 알아보도록 합시다.

멘토에게 할 수 있는 질문들은 어떤 것이 있을까요?

질문1 바리스타로 취업하기 위해서 어떤 준비를 해야 하나요?

질문2 이력서 작성은 어떻게 해야 하나요?

질문3 면접 준비는 어떻게 해야 하나요?

질문4 자신감이 없는 것 같아요. 어떻게 해야 할까요?

질문5 직장 동료가 나를 너무 힘들게 합니다. 어떻게 해야 할까요?

질문6 직장을 옮기고 싶은데 어떻게 해야 하나요?

내가 멘토에게 하고 싶은 질문을 생각해봅시다.

질문 1

질문 2

교사 활용 tip

취업준비, 취업 후 유지를 위해서 할 수 있는 다양한 질문 내용을 추가적으로 생각할 수 있도록 하고 서로 발표하는 시간을 가져보도록 합니다.

마치면서

자신의 진로를 선택하는 것
자신의 직업을 선택하는 것
중학교, 고등학교 시기에만 필요한 것은 아닙니다.
내가 살아가는 긴 인생의 여정 속에서 많은 선택을 해야 하고 그 과정속에서
진로와 직업에 대한 고민은 계속될 것입니다.

하지만 우리는 꿈을 꾸어야 합니다.
꿈은 우리에게 행복을 가져다 줄 수 있습니다.
행복한 삶을 위해서는 꿈을 꾸고, 꿈을 이루기 위해서
한발 한발 나아가야 합니다.

이 교재는 진로와 직업교육 과정에서 필요한 주요 내용을 담았습니다.
포함되지 못한 많은 내용들도 있지만 일상생활 속에서 경험하는 모든 것들이
결국은 우리의 진로 및 직업과 연관이 있을 것입니다.

비록 진로와 직업을 선택하고 준비하는데 어려움을 경험할 수 있지만
주변에는 도움을 줄 수 있는 많은 분들이 있습니다.

가족, 친구, 선생님, 전문가들.
그들과 함께 여러분의 꿈을 향해 나아가십시오.
꿈을 향해 노력하는 당신을 응원합니다.

쉽게 배우고 가르치는 진로와 직업

초판1쇄 발행	2019년 6월 18일
초판2쇄 발행	2021년 12월 20일
지은이	박대수
펴낸곳	㈜꿈앤컴퍼니
디자인·편집	소소한 소통
출판등록	제2018-000325호
주소	(08861) 서울특별시 관악구 난곡로 78, 4층
전자우편	kkumcompany@naver.com
홈페이지	www.kkum-company.com
도서 및 교육문의	02-323-1106
카카오톡 플러스친구	@꿈앤컴퍼니
ISBN	979-11-966564-0-9 13370

· 이 책은 저작권법에 따라 보호받는 저작물이므로 무단 전재와 무단 복제를 금합니다.
· 잘못된 책은 구입처에서 바꾸어 드립니다.
· 이 도서의 국립중앙도서관 출판예정도서목록(CIP)은 서지정보유통지원시스템 홈페이지(http://seoji.nl.go.kr)와
  국가자료종합목록 구축시스템(http://kolis-net.nl.go.kr)에서 이용하실 수 있습니다. (CIP제어번호 : CIP2019020507)